古《ふる》事《ことの》記《ふみ》が教えてくれる
天命追求型の生き方

夢はなくても
輝ける

古事記が教えてくれる

天命追求型の生き方

夢はなくても輝ける

目次

第二章　三種の神器を磨きあげる

第三章　自分の稲穂を育てる

第四章　天命追求型で生きる

はじめに

人生が順風満帆に行っていたように思えた、二〇一〇年夏。

「正直に申し上げますね。この状態で助かった人を、
今まで私は見たことがありません」

この主治医の言葉に、希望を失いかけた時、
もう一つの私の人生は始まりました。

同じタイミングで、出版社から本の執筆のご依頼をいただいたのです。

死の覚悟をせざるを得ない状況で、

私は、二人の子どもへの遺言のつもりで、歴史の本を書き始めました。
来る日も来る日も、病床で日本の歴史を丁寧に紐解き、
先人たちの生きざまと向き合いました。

すると、大きな気づきを得たのです。

それは、日本人が迷ったときに立ち返るべき、理想の生き方。

幼い頃から多くの伝記を読んで親しんできた、
先人たちの志に溢れた生きざま、
そしてその根底に共通して流れている、
日本人の民族性の〝根っこ〟とも言うべきもの。

私も、日本人として、日本人らしく、残された日々を生ききろう。
その覚悟を決めた途端、死への恐怖が不思議と薄らぎました。
医者からは助からないと言われているにもかかわらず、
あとからあとから、希望がわいてくるようになったのです。
その日を境に、不安で眠れなかった日々から解放され、
毎晩、ぐっすり眠れるようになりました。
さらに有り難いことに、その後、奇跡的に病状も回復し、
今も元気に生かしていただいています。
私の命を救ってくれたのは、

先人たちが大切に育《はぐく》み、歴史に刻んできた、
〝日本人という生き方〟でした。

その日本人の根っことも言うべきものが、
神話の時代から脈々と継承されてきたことだったのだと
気づかせてくれたのが、富田欣和《とみたよしかず》氏です。

私が初めて富田氏と出会ったのは、闘病生活を送っていた時でした。
知人の紹介で、富田氏がお見舞いに来てくれたのです。

その時、富田氏はこんな話をしてくれました。

「人生には、いいこともあれば、
それと同じぐらいつらいこともあるよね。

僕にはかつて、人生に起こるさまざまな局面、
試練、逆境に打ちひしがれ、
希望を求めていた時期があった。

物事が、どうしてこうなるのか。
その根底に何があるから、このような現実になるのか。

毎日、一生懸命働きながら、
日々起こる出来事にどう向き合えばいいのか。

日本人として生きていく上で、どのような心のあり方で、
何を大切にして生きていけばいいのか。

生きる上で大切な原理原則とは一体何なのか——。

必死で模索する時期があった。

どうにかして人生を進めていこうともがいている頃に、
さまざまな書物を読み込み、
最終的にたどり着いたのが『古事記』だった。

藁《わら》をもつかむような思いで、
『古事記』や関連の書物を読み込み、
感じ取ったエッセンスを

日常の生活や仕事に、実際に生かし、
失敗を繰り返しながら、模索しながら、実践していったんだ。

そうしたら、事態はゆっくりだけど、着実に改善した。
最終的には、劇的に素晴らしい結果になったんだ。

自分の日常生活での人間関係はもちろん、
会社経営も改善した。

依頼を受けて、助言させていただいた企業も、
『古事記』の叡知を実践することで、
V字回復するのを目《ま》の当たりにした。

つまり、『古事記』から僕なりに学んだ叡知を実践することで、
僕自身が逆境を乗り越えることができたし、
多くの経営者も、閉塞《へいそく》した状況を打ち破ることができたんだ。

その体験をもとに、『古事記』に関する
一つの解釈例をまとめたから、それを聞いてほしい。

ただし、この解釈が正しいと、
決して断《だん》じているものではなく、
あくまで一つの解釈の視点であるということを、
あらかじめ伝えておくね」

こうして始まった、富田氏のミニ古事記講座。

話が深まるにつれ、私の魂は震えました。
なぜなら、私が歴史を紐解き、
歴史上の人物たちの生きざまと向き合うなかで気づいたことと、

富田氏の語る『古事記』のエッセンスが、
ピタッと一致したからです。

言い換えれば、
『古事記』に登場する八百万《やおよろず》の神々の紡《つむ》ぐ物語が、
日本人としての理想に満ちているからこそ、

先人たちの美しい生きざまに溢れた日本の歴史が生まれ、
今を生きる私たちにも、
理想とすべき揺るぎない指針を示してくれている。

そのことに気づけたのです。

このとき私が得た感動を、

もっと多くの人と分かち合いたい――。

それが、本書を執筆する直接の動機となりました。

これから先、「日本人」という言葉がたびたび登場しますが、ここでの日本人の定義について、最初にお伝えします。

ここでいう日本人とは、
日本の住民票やパスポートを持っている人といった、
いわゆる戸籍上の日本国民ということではありません。

日本の文化や神話など、
長い時間をかけて先人たちが育《はぐく》み、
継承してきたものに

なんとなく親しみを感じて、
それらを自然に受け入れている人たちを、
ここでは「日本人」と定義しています。

本書は、『古事記』の研究家でも、専門家でもない私が、

同じく専門家ではないけれど、
『古事記』が大好きで、長年『古事記』を読み込んで、
人生や自身の会社経営にもその叡知を生かしている、
富田欣和氏から学んだ解釈をご紹介しながら、

先人たちが『古事記』を通して伝えてくれる
心豊かな人生を送るためのヒントについて、

毎日の仕事や生活に
それらをどのようにいかしていくかに重きをおいて、
まとめたものです。

その気づきを皆様と共有し、
日本人らしく豊かな実を結ぶ人生を、
皆様とともに歩めることが出来れば、
それは、最高の喜びです。

第一章

西洋と日本の神話の違い

『古事記』とは

『古事記』という名前はよく聞くけれど、
その内容は深く知らないな、という方も多いのではないでしょうか。

『古事記』は、今から約千三百年前に編纂《へんさん》された書物で、

その編纂当時からみて、さらに千三百年以上も前の
（つまり今から二千六百年以上も前の）
神話にまでさかのぼり、まとめ上げられた、
日本最古の歴史書といわれる書物です。

『古事記』は、大きく分けて、次の三つで構成されています。

上巻（かみつまき）には、日本神話の物語。

中巻（なかつまき）には、日本建国からの伝承。

下巻（しもつまき）には、仁徳天皇以降の歴史。

このように、神話から、伝承、歴史へと、
一本の糸で繋がった物語として綴《つづ》られています。

このことを知った時、私の胸は高鳴りました。

なぜなら、世界中に神話を持つ民族はたくさんありますが、
彼らにとって、神話とは、あくまで人間が創作した神々の物語であって、

人間が実際に紡《つむ》いだ歴史とは、まったくの別物。

でも、日本の神話は違うのです。

『古事記』は、今からおよそ千三百年前の編纂時からみて、
さらに少なくとも千三百年以上も前から
日本中に、口伝として伝わってきた伝承を大量に収集し、
稗田阿礼《ひえだのあれい》が頭に叩《たた》き込み、語った言葉を
太安万侶《おおのやすまろ》が書き留め、編纂したもの、と考えられています。

この時間軸を一度想像し、イメージを膨《ふく》らませてみましょう。

私たちにとって、一週間前に起こった出来事ですら、

詳細に思い出し、文字にするのは、簡単なことではありませんよね。

なのに、稗田阿礼と太安万侶は、
千年以上も前から語り継がれた伝承をまとめあげたのです。

その伝承が、今、私たちの手に届いている――。

それは、まさに〝奇跡〟と言えるのではないでしょうか。

そのことに思いを馳《は》せるとき、
私は、『古事記』に書かれていることが
「事実かどうか」という議論は、さほど重要ではないと思うのです。

事実かどうかを議論するよりも、

先人たちが、数千年前から、
日本中で、このような物語を口伝で脈々と継承し、
代々大切に伝え続けてきたものだという視点から、
『古事記』の物語を受けとめ、

私たちの民族性の原点として、そのエッセンスを
私たち一人ひとりの人生に生かしていくことを考える方が、
意味が大きいと感じるからです。

こんな素敵な宝物を残してくれた、先人たちに感謝しながら
『古事記』に込められた先人たちのメッセージを読み解き、
自分の人生に生かす――、

そういう視点で、本書を読み進めていただければ幸いです。

『古事記』と『聖書』の違い

それでは、いよいよ本題に入りましょう。

まず取り上げたいのは、日本神話のクライマックスとも言える、この場面です。

アマテラス大神《おおみかみ》の孫であるニニギノミコトが、

高天原《たかまがはら》からこの地に遣《つか》わされた――、

これを〝天孫降臨《てんそんこうりん》〟と呼びます。

このニニギノミコトから三代先、

アマテラス大神から数えると五代先にあたるのが、

初代天皇である神武《じんむ》天皇です。

神武天皇の即位をもって、日本建国とされています。

神武天皇の即位は、西暦で言えば紀元前六六〇年。
その初代神武天皇から第百二十五代今上天皇（平成三十年現在）まで、
日本の歴史は、二千六百年以上も、
途切れることなく、連綿《れんめん》と繫《つな》がっているんですね。

神話から歴史が途切れずに一本の糸で繫がっている――。

このような歴史観を持っているのは、
一国としての歴史が、世界で最も古く、
神話の時代から現在に至るまで、一つの国を営《いとな》み続けている
私たち日本人だけではないでしょうか。

そのことに気づいてから、
世界でも稀有な歴史観を育んでくれた先人たちに
心から感謝したいと、私は感じるようになりました。

そして、日本人に生まれた喜びが、
自然とわき起こってくるようになったのです。

日本人の一人ひとりが、
長きにわたり魂に刻み、継承してきた遺伝子。

これを『古事記』から紐解くのが本書の目的ですが、
『古事記』の際立《きわだ》った特徴を知るために、
まずは海外の神話と比べてみましょう。

そうすることで、西洋と日本の神様の違いが浮き彫りになります。

西洋を代表する神話は、『聖書』に描かれています。

『聖書』に最初に書かれているのは、
「初めに、ゴッド（GOD）は天地を創造された」です。

これを意訳すると、
「この世は、全知全能のゴッドが創った」となります。
つまりゴッドとは、〝創造主〟を意味するのです。

その点に注目して『古事記』を読んでみると、
「天地《あめつち》が初めて発《あらわ》れたとき、

高天原《たかまがはら》に成ったのは天之御中主神《あめのみなかぬしのかみ》でした」と書かれています。

この記述は、
「天地ができた後に、
天之御中主神という最初の神様が生まれた」
と解釈できます。

少し大げさに聞こえるかもしれませんが、私はここに、
西洋と日本の間に現在まで続く、決定的な価値観の相違の源を感じます。

冒頭から、決定的に違うのです。

すべてをゴッドが創ったという、西洋の世界観。

一方、最初に世界というものがあり、
そこに神様が生まれたという、日本の世界観。
「じゃあ、この世界は、いったい誰が創ったの？」
という疑問に、日本の神話は、何も答えてくれていません。

全知全能の西洋のゴッドと、
生まれたときにはすでに世界が存在し、
与えられた環境の中で生きていくしかない、日本の神々。

物語の始まりからすでに、
ゴッドと神様は、似《に》て非《ひ》なるものなのです。

当然、それぞれの神話を語り継ぐ人々が、
起こる出来事に対処する方法も変わってきます。

全知全能のゴッドを神話に持つ西洋の人々は、

「自分の力で物事を解決する」

ということに重きをおく傾向があります。

それに対し、日本人は、

「起こった出来事を受け入れる」

という道を選ぶのが、自然な対処法になります。

わが身を振り返ってみると、
思い通りにならないことが、現実にはたくさん起こりますね。
想定外のことが、わが身に降りかかると、

「なんで、私だけこのようなことが起こるのかしら」
と思ったりもしますが、

神話に登場する神々でさえも、
与えられた環境を受け入れるところから
物語が始まっていることに気づくと、

「なぁんだ……！　神様でさえも、
思い通りにいっていないところからのスタートじゃないか。
自由にならない、言い換えれば、さまざまな制約があるなかで、
神々もそれぞれの使命を全《まっと》うしようとしている。
だったら、私たち人間は、なおさらのこと。
思い通りにいかない現実を、受け入れるところから始めなきゃ」

という気持ちに、自然となるのです。

台風や大雨、そして地震などの自然災害や、
思いもよらない不幸な出来事が起こった時、
日本人があまり取り乱さず、悲しみや苦しみをぐっとこらえるのも、

避難所に身を寄せている人々が、
整然と並び、支援物資を分け合う姿を
世界が称賛してくれても、
私たちにとっては、それがさほど特別なことではないのも、

もしかしたら、神話の世界から、
「起こった出来事を受け入れる」ことに重きをおく世界観を
継承してきたからなのかもしれません。

『聖書』と『古事記』の違いは、まだまだあります。

『古事記』を読むと、日本の神々は仕事をしている、つまり、働いているんですね。

『聖書』に描かれている〝楽園〟は、働かなくても食べていけるところです。

それに対し、『古事記』では、神々が高天原で働いているのです。多くの神様が田畑を耕し、アマテラス大神も、機織《はたおり》の仕事をしています。

「神々が働いている」ということの重要性に気づかせてくれたのは、ある東南アジアの男性でした。

彼は私に、こんな言葉を投げかけたのです。

「世界中の多くの民族にとって、働くことは苦しいこと、あるいは、単なる契約にすぎない。

でも、日本人にとって働くことは、

喜びであり、美徳であり、誇りなんだね」

『古事記』に記された神話の中では、神々が生き生きと働いている。

さらに、『古事記』が編纂されたのと同じ時代には、『万葉集《まんようしゅう》』という、日本最古の和歌集も編纂されていますが、

万葉集や、それ以降に詠《よ》まれた和歌の世界では、

天皇や貴族が、素敵な恋の歌を交《か》わす一方で、
労働を愛《め》でる歌や、労働に励《はげ》む民に心を寄せる歌も残しています。

神様が働き、高貴な方々が労働を愛でる国なんですね、日本は。

そんな国で生まれ育った私たちにとって、
働くことが、喜びであり、美徳であるということは、
ある意味、当たり前のことなのかもしれませんね。

『古事記』に描かれているのは、働く喜びばかりではありません。

神話に登場する神様の日常には、
嬉しいことや悲しいことが綾《あや》をなし、喜怒哀楽が溢《あふ》れています。

恋もすれば、嫉妬もする。
劣等感や憎しみも抱く。
物事が思い通りにいかなくて、ときに激しく落ち込むこともある。

それが、日本の神々です。

全知全能でもなければ、完璧でもない、
日本の神様は、実に人間らしい存在です。

そんな八百万の神々が、現実を受け入れるところから、
すべての物語は始まっているのです。

そういうことに気づいていくうちに、
思い通りにいかない現実や、完璧でない自分や他人を、

だんだんと許せるようになってきました。

気持ちがスーッと軽くなって、
楽《らく》に生きられるようになったのです。

できる自分はカッコいいけれど、
ダメダメな自分もかわいい――、
そう思えるようになったんですね。

もう一つ、西洋と日本の神話には、大きな違いがあります。

それは、西洋の神話が、
最初と最後がはっきりしているのに対し、

日本の神話は、前述したとおり、
誰がこの世界を創ったのかが明確ではない、ということ。

つまり、日本の神話は、始まりが実にあいまいなのです。

そして、始まりがあいまいだから、終わりもないのですね。

始まりも、終わりも、ぼんやりとしている。

「なんで？」
「どうして？」
という疑問には、一切答えてくれない（笑）。

「どうやって世界は始まったの？」

「気がついたら、始まっていたんだよ」
そんな感じです（笑）。

あいまいさや、白黒つけない姿勢が、物語を通して貫かれているのです。

西洋の神話が、「始まりはこう、終わりはこう」と、明確に記載されているのとは、対照的です。

日本の神話は、意図してそのように作られているのではないか、と感じてしまいます。

そして、そこには、
とてつもない叡知が秘められているように感じるのです。

その叡知とは、「始まりがあれば、必ず終わりがくる」ということ。

その反対に、始まりがなければ、終わりは来ないのです。

誰かが始めたのであれば、
誰かの手で終わらせることができる。

でも、誰が始めたわけでもない世界は、
誰も終わらせることはできない。

始まりのない始まりから、
終わりのない物語へと、
限りなく永続的に続く世界観を、
『古事記』の編纂者たちは抱いた。

そして日本人は、神話の時代から、
「受け入れる」という価値観を育むことで、
この普遍性・永続性を継承しているのだと思います。

日本の神話における、
あいまいさの象徴の一つが、〝天孫降臨〟です。

高天原からやって来たとされる、ニニギノミコト。

神話によれば、その子孫が初代神武天皇であり、
そこから二千年以上も、皇室は続いているのです。

だとすれば、天皇家とは、具体的にどこから来たのか。

それを知りたいと思っても、
『古事記』には、手がかりになるようなことは
何も書かれていません。

もとをたどれないのです。

それ以上は調べなくていいし、むしろ知らなくていい。
そういうものなのだと受け入れる。

そのあいまいさが、
始まりなき始まりを受け入れ、
終わりなき物語へと続く
悠久の普遍的世界観を、

日本人に育《はぐく》ませているように感じます。

現代でも、よく、
「日本人は主張がはっきりしない」とか、
「あいまいで、いつもヘラヘラしていて、
何を考えているのかよくわからない」などと、
外国の方に言われる場合がありますよね。

でも、よく考えてみたら、
私たちは『古事記』に記された建国の歴史から、
あいまいさを貫いているのです。

いつ始まったかも、いつ終わるのかもわからない、
「なんとなく始まった」という世界観で、

今日まで生きてきたのです。

たとえば、日本の神話では
初代神武天皇が即位なさった
紀元前六六〇年にあたる年の一月一日をもって、
日本建国とされています。

この日は、今の暦では二月十一日ですから、
私たちは毎年二月十一日がめぐってくると、
建国記念の日としてお祝いするわけです。

しかし、その神武天皇は、
「おそらく実在したであろう」
と言われている最古の天皇であり、逆に言えば、

「実在した」という確証は、どこにもないのです。

実在したかどうか明確ではない人物の即位を、
建国記念の日としてお祝いし続けている、私たち日本人。

言ってみれば、日本人は、二千六百年以上もの長きにわたって、
「あいまいさを貫いてきた」のですね（笑）

そういうことが分かり始めて、
白黒つけられない自分を、受け入れられるようになってきました。

多くの場合、
「答えを明確にしないこと」
「白黒つけられないこと」は、

「日本人のダメなところ」と捉《とら》えられがちです。

けれども、『古事記』的な視点で見てみると、こういうふうに解釈することもできます。

「世界中が白黒つけたがっているけど、本当に白黒つける必要があるのだろうか。もう少し、お互いを理解しあうための、共通点を探してみてもいいんじゃないのかな」

白黒はっきりさせるということは、敵味方を明確にして、争いを生みやすくしてしまいます。

あいまいである、ということは、
無益な争いを起こさずに、
お互いの納得できるところで
落としどころを見つけて和《わ》を保つという、
とんでもない叡知なのかもしれません。

あいまいさを貫くには、忍耐強さが必要です。

安易に白黒はっきり決着をつけることを避け、
粘り強く取り組むという姿勢が、
忍耐力を養うことに繋がります。

さらに、そうすることで、
相手と自分の違いを論じるのではなく、

互いの共通分母を見つけ、和を貴《とうと》ぶことができるのです。

紀元前六六〇年の建国以来、
ひとつの国として世界最古の歴史を持つ、日本。
（建国の歴史に関しては、神話と史実は違うという視点から、
異論を唱える方も数多くいらっしゃいますが、
たとえどれほど短く見積もったとしても、
日本という国ができてから、千四、五百年は確実に経過しており、
日本が世界最古の歴史を持つ国だということに変わりはありません）

百年企業といわれている長寿企業が、
世界を見渡しても、圧倒的に多数を占める、日本。

日本には、なんと創業千年を超える企業や団体も、

複数存在しています。

「長続きする」ということに関しては、
突出した強さを発揮する私たちの民族性に、
あいまいさが重要なポイントを占めているのではないか、と感じます。

先人たちがたどってきた足跡を振り返ると、
私たち日本人が大切にしてきたもののなかに、
世界でもずば抜けて突出している
永続性のヒントが溢れていることを、
歴史が証明してくれています。

『古事記』を編纂した人たちは、
もしかしたら明確な意図があって、

このあいまいさを物語に組み込んだのかもしれません。

始まりと終わりを持たない神話。

始まりのない始まりから、終わりのない物語へと続く、
悠久の時間の中に、私たちが今を生きている。

そのような壮大な時間軸が、
神話から伝承、そして歴史へと一本の糸で繋がり、
今日、そして今この瞬間、ここにいる私たちまで繋がっている。

そしてその壮大な時間軸が、
これからの世代にも継承されていく――。

私はそこに、私たち一人ひとりも、
歴史に参加しているのだという、驚きと感動を覚えるのです。

この世の男の出世は女で決まる

『古事記』の最重要メッセージの一つ、それは、
「この世の男の出世は女で決まる」ということです。

〝出世〟と言うと、世俗的な表現になってしまいますが、
ここで取り上げたいのは、世俗的な出世ではなく、
もっと人生の根幹をなす、本質的な、大切なものです。

「本来やるべきことを成し遂げること」

「志を果たすために、天命《てんめい》をまっとうすること」

かけがえのないたった一度きりの人生において
最も重要なことをやり遂げるために、
女性の力が非常に大きいということが、
『古事記』全般のメッセージとして汲《く》み取れます。

西洋的な発想では、女性が男性を選ぶとき、
まず〝条件〟が重要です。
あなたが○○してくれるなら、私も○○します。
将来の保証があれば、○○します。

西洋の社会は〝契約〟の概念を根底にして成り立っているので、

交渉して、お互いが納得して、契約を交わしてサインするのです。
要するに、先に内容が話し合われ、合意の上で物事が決まります。
それに対し、日本的な発想には、本来、契約の概念はありません。

相手が持っているものや条件など、
内容も、将来設計もあまり関係なく、
何も決まっていない状態で、
日本の女性は男性を選んできました。

そして、その人に賭《か》けて、ともに一歩を踏み出すのです。

西洋と日本の、どちらが正しいとか、

どちらが優れているという話ではなく、
純粋に、特徴を観察するとそうなります。

日本の男女関係においては、男性は、
「素晴らしい女性に選ばれるに足《た》る自分であること」が、
非常に大事なのです。

まだ何者でもない、何も成し遂げていないときの、
日常の立《た》ち居振《いふ》る舞《ま》いこそが重要なのです。

繰り返しますが、『古事記』は、
男性が天命を追求して生きていこうとするときに、
いかに女性の存在が大切であるか、という物語に溢れています。

裏を返すと、女性は、
男性の身なりとか、身分とか、金銀財宝ではなく、
「その男の奥にある本質を見抜くことができるかどうか」
で、幸せが決まるのです。

「明日のことも一切わからないなかで、
どうやって一緒に一歩を踏み出していくのか」
という視点で『古事記』を読むと、
今を生きるヒントが、そこには溢れています。

そのことがとてもよく分かる物語をご紹介しましょう。

有名なスサノオノミコト（以下スサノオ）の

〝ヤマタノオロチ退治〟の神話です。

アマテラス大神の弟・スサノオは、

悪さばかりしていて、高天原《たかまがはら》の神々の怒りをかってしまいます。

なぜ悪さをしたのかというと、

アマテラス大神があまりにもすばらしい存在だったので、

劣等感を抱いて、「僕を見て、見て」と悪さに走ったわけです。

とうとう高天原を追放され、

天下《あまくだ》ったスサノオは、諸国を行脚《あんぎゃ》しますが、

出雲国《いずものくに》（現在の島根県）で、泣いている夫婦に出会います。

夫婦は、愛する娘を、怖ろしいヤマタノオロチ（以下オロチ）に

差し出さなければならないと、泣いていたのです。

この時のスサノオは、劣等感の塊《かたまり》で、悪さばかりしている、まったくイケていない神様であり、
後《のち》の英雄・スサノオとは、まるで別人格。

そのスサノオが、縁あって出会った夫婦を笑顔にしたいと思い、勝算などまったくないのに、オロチに立ち向かおうと心に決めるのです。

そして、お酒を飲ませてべろんべろんに酔っぱらわせた隙《すき》に、見事に退治します。

退治したオロチの体を剣《けん》で切り刻《きざ》んでいくと、尾っぽのあたりに、何か固い手応えがありました。

不審に思ったスサノオがそこを開くと、
なんと後に三種の神器の一つとなる
天叢雲剣《あめのむらくものつるぎ》（草薙剣《くさなぎのつるぎ》）が出てくるのです。

その剣を手にしたスサノオが英雄になっていく、
というのがヤマタノオロチの神話です。

ここで注目したいのは、
スサノオが、剣を獲得するために頑張ったわけではない、
ということです。

「オロチを倒したら剣を得ることができる」
と事前に知っていて、それを条件に頑張るのは〝契約〟です。

でも、この時のスサノオは、
頑張った結果、何が得られるかなんてわからなかった。
もしかしたら、自分が返《かえ》り討《う》ちに遭《あ》って命を落とすかもしれない。

それでも、ただ目の前のご縁を大切にして、
この夫婦を笑顔にしたい、
この娘を助けたいと心から願い、
その時できる精一杯の行動をとったのです。

その結果、天叢雲剣（草薙剣）という、
思いもよらないご褒美《ほうび》を得て、
英雄になっていったのです。

目の前のご縁を大切にするところから、
想像もしていなかった、言い換えれば、
夢にさえ思っていなかった、
夢を超えた素敵な現実を得られたのです。

そこには〝契約〟の概念を超えた、
西洋の考え方とは一味違う、
日本人の本質的な生き方が際立《きわだ》っています。

そしてこの神話には、さらに、もう一つの凄味《すごみ》が隠されています。

スサノオに助けてもらったお姫様は

奇稲田姫《くしなだひめ》といって、スサノオのお嫁さんになります。

でも、自分を助けてくれたお礼に、
スサノオと結婚したのではありません。

実は奇稲田姫は、
スサノオが自分のためにオロチに立ち向かうと決意した、
その時、彼の心意気にほだされて、その場で結婚しているのです。

実績や肩書きで決めたのではなく、
「彼の心意気にほだされた」というのが、
結婚の理由なんですよね。

しかも、奇稲田姫は、スサノオがオロチを退治する時に、ただ指をくわえて見ていたわけではありませんでした。
オロチを退治するスサノオの髪に、櫛《くし》に化《ば》けてとどまったのです。
その櫛をつけたことで、スサノオに霊力《れいりょく》が宿り、
オロチを退治できたのです。

つまり、〝ヤマタノオロチの退治〟は、
夫婦の共同作業だった、というわけです。

日本の神話を紐解いてみると、
決して男尊女卑《だんそんじょひ》ではなく、
男女が互いの役割をきっちり果たし、
その上で協力し合うことで、

お互いを輝かせ合っていたのですね。

そのことが、このヤマタノオロチの神話に象徴されているのです。

そして、この輝き方・輝かせ方から、
男女関係の本質が読みとれます。

男性は、目の前の困った人を助けようという優しさと思いやり、
そしていざとなったら、命を賭ける勇気を持つこと。

女性は、男性に対し、条件や見かけではなくて、
その人の本質を見抜き、
優しさ、勇気、さらには自分に注がれた愛の深さにほだされて
一緒になる気概を持つこと。

そして、男女ともに、役割は違えど、
力を合わせて困難を乗り切ること。

そのようなメッセージが、この物語には込められていると感じます。

それでは、女性は、どのようにして男性の本質を見極《みきわ》めたらいいのでしょうか。
そのことを見事に教えてくれる神話を、次にご紹介しましょう。

　国譲《くにゆず》り 祀《まつ》られましし 大神《おおかみ》の 奇《く》しき御業《みわざ》を 偲《しの》びて止《や》まず

これは、平成一五年（二〇〇三年）十月に
皇后陛下が出雲大社で詠まれた歌です。

〝大神〟とは、もちろん出雲大社のご祭神である、
大国主命《おおくにぬしのみこと》のことです。

高天原からこの地に遣わされたニニギノミコトに
国譲りをしたのが、大国主命。

美智子さまが嫁《とつ》がれた皇室は、
ニニギノミコトの子孫が継承してきましたが、

この国譲りを〝奇しき御業〟
つまり〝奇跡のように尊《とうと》い行い〟であると崇《あが》め、
大国主命の素晴らしさを表現なさったわけです。
神話を偲《しの》んで、思いが溢れてくる美智子様。

その美智子様の感性が、大国主命に劣らず、
私は素晴らしいと思うのです。

さて、この大国主命が出てくる、最も有名な神話といえば、
〝因幡《いなば》の白兎《しろうさぎ》〟でしょう。

昔々、八上姫《やがみひめ》という素晴らしいお姫様が、
因幡国《いなばのくに》（現在の鳥取県）に暮らしていました。

その噂を聞きつけた八十神《やそがみ》（大国主命の兄たち）は、
大国主命を供《とも》に従えて、
八上姫に求婚しようと、因幡国へと向かいました。

大国主命は、兄たちの旅道具を大きな袋につめて、

ずっしりと重い荷物を一人で背負っているので、
歩くのが遅く、どうしても兄たちに遅れをとってしまいます。

途中、気多之前《けたのみさき》まで来ると、
そこには、毛をむしられて丸裸になった白兎が、
涙を流して泣いていました。

「私は　隠岐《おき》の島に住んでいた兎です。
本土に行きたいと思いましたが、私は泳げません。
そこで鰐《わに》（以下、ワニと表記。※ここでいうワニとは、サメのことであるという説があります）
をだまして海を渡ろうと考え、

ワニ族とウサギ族とではどっちの数が多いか
数えてみようと、ワニに提案しました。

ワニの一族に、隠岐の島から気多之前まで一直線に並んでもらい、
その上を、私が渡って数を数えることにしよう、と伝えたのです。

正直なワニは、一族全員が隠岐の島から気多之前まで、
ズラリと並びました。

私はワニたちの背を踏んで、
数を数えながら、海を渡ってきました。

そして、今まさに渡り終わるという瞬間、
私はつい嬉しくなって、

『君たちは騙《だま》されたのさ』

と言って、ワニをバカにしてしまったのです。
怒ったワニは、私を捕《つか》まえ、
あっという間に毛をむしり取りました。
それがあまりに痛くて、悲しくて、泣いていたら、
通りかかった八十神が、
『海水を浴びて風に吹かれていれば治るよ』
と言ったので、その通りにしたのです。
すると、よけいにひどくなりました」
白兎の話を聞き終え、かわいそうに思った大国主命は、
真水で体を洗い、蒲《がま》の穂を敷いて転がるようにと、教えました。

大国主命の教えを実践し、身体が元通りになった白兎は、
大国主命に告げます。

「八上姫は、きっと心優しいあなたの妻になりたいと言われるでしょう」と。

白兎は、この後、自らが伝令となって、八十神の到着より前に、
この事実を八上姫に伝えたのです。

これを知らない兄たちは、
先を競って姫に結婚を申し込みましたが、
姫はそっけなく対応しました。

そして「私はあなた方ではなく、大国主命の元へ嫁ぎます」と告げ、

八十神を追い返し、大国主命の求婚を受け入れたのです。

以上が、因幡の白兎の神話です。

なぜ八上姫は、兄たちではなく、大国主命を選んだのでしょう。

もちろん白兎のもたらした情報がものをいったわけですが、八上姫が白兎のアドバイスを受け入れたのは、なぜでしょうか。

大国主命は、兄たちの荷物を背負って旅したわけですから、汗にまみれ、汚れてもいたでしょう。

それに対し、身軽な兄たちは涼しい顔。

普通なら、誰もが兄の立場をうらやむでしょう。
大国主命がしたこと（兄たちにさせられたこと）は、
普通は人が嫌《いや》がることです。

でも、大国主命は、それをやり遂げた。

「ちぇっ、なんで自分だけが……」とふてくされることもなく、
むしろ笑顔で、誇りをもって――。

荷物を持ってあげたら、兄たちが喜ぶに違いない。
その喜びを、自分の喜びにしたのです。

あなたの喜びが、私の喜び――。

そんな美徳を持つ大国主命こそ、わが夫にふさわしいと、八上姫は思い定めたのでしょう。

おそらく見栄《みば》えが良かったのは、兄たちの方だったと思います。でも、八上姫は、そんな〝見てくれ〟に騙されませんでした。

白兎の報告と、相手の本質を見極めた、自分の直感を信じたから、八上姫は、大国主命の求婚を受け入れたのでしょう。

相手が何を尊いと感じ、何を美徳として生きているのか。その相手の内面、相手の本質と向き合い、見極めることが、女性が男性を選ぶ際の、重要なポイントなのですね。

そして私は、一生懸命に荷物を運んだ大国主命も偉いと思いますが、そんな彼を選んだ八上姫こそが、素晴らしいと思うのです。

もしこのとき、八上姫が、見かけに騙されて兄の誰かを選んでいたら、日本人の勤労の美徳は育まれなかったと思うからです。

もしそうなっていれば、「骨折り損のくたびれもうけ」とか「正直者はばかをみる」などという教訓が、日本人に刷《す》り込まれたかもしれません（笑）

〝働く〟という言葉は、一説には

「傍《はた》の人をラクにする」が語源であると言われています。

「傍の人をラクにする」つまり、

「いま目の前にいる人を笑顔にする」ことが、働くということ。

この日本人の労働観は、本当に素敵なんです。

なぜなら、今、遺伝子の解読が進み、
人間がどんなときに一番の幸せを感じるのかがわかってきた、と言います。

遺伝子の研究で世界的な権威である
村上和雄先生（筑波大学名誉教授）によると、

人間が最高の幸せを感じるのは、
美味しいものを食べたときでもなければ、
美しい景色を見たときや、
感動的な本や映画に出会ったときでもない、

「自分という存在が、誰かの喜びの源になっていると実感できたとき」だそうです。

つまり「誰かのお役に立てた」「誰かに喜んでもらえた」という経験が、遺伝子的にみて、最高の幸せということです。

これって、日本人の勤労の美徳そのものですよね。

私たちの労働観は、遺伝子的にみた最高の幸せ、言い換えれば科学的な視点による最高の幸せと、見事に一致している。

それは〝宇宙の法則〟と合致している、ということだと思うのです。

私たちは、目の前の人に笑顔になってもらいたくて、一生懸命働く。

その人が笑顔になってくれたら、
同時に、自分も最高の幸せを手にできる。

誰かを踏み台にして、自分だけが豊かになったり、幸せになるのではなく、
「あなたの幸せが私の幸せ」と、
まるでコインの裏表のように、お互いの幸せが両立するのが、
日本人の働き方であり、日本人の幸せ感なんですね。

こんな素敵な考え方、生き方を育んでくれた先人たちに、
私は心から感謝したいと思いますが、

このような考え方、生き方が自然とできるのも、
高天原で働く神々のおかげであり、

大国主命と八上姫のエピソードが神話に刻まれているからであり、
先人たちが労働を愛でる歌を多数残し、
大切な人の笑顔のために一生懸命に働いてきた、
そんな歴史を持つことができたからです。

そのことを思うとき、私はあらためて、
神話の影響力の大きさに驚き、
さらに神話から歴史が一本の糸で繋がっていることの意義深さに、
深く心を動かされるのです。

言挙《ことあ》げ

神社に行って、お祓《はら》いや、七五三のお祝いをするときなどに

神主さんが口にされる言葉、
みなさんも聞き覚えがあるのではないでしょうか。
「かけまくもかしこき……」から始まりますよね。
これは祓詞【はらえことば】といいます。

かけまくもかしこき　いざなぎのおおかみ
つくしのひむかのたちはなの
おどのあはぎはらに
みそぎはらえへたまいしときになりませる

はらえどのおおかみたち

もろもろのまがごと　つみ　けがれあらむをば

はらえたまい　きよめたまへともうすことを

きこしめせとかしこみかしこみももうす

この祓詞を意訳すると、次のような意味になります。

誠に、誠に畏《おそ》れ多いことではございますが

伊邪那岐大神《いざなぎのおおかみ》が、死者の住む黄泉国《よみのくに》を訪ねて、

御身が穢《けが》れたため、筑紫《つくし》の国の日向《ひむか》の橘《たちばな》の

小戸《おど》の億原《あはぎはら》という浜辺で、水につかって身を清め、
禊《みそぎ》をした時に誕生になった、祓戸《ばらえど》の大神等《おおかみたち》、
これらの神の御神徳《ごしんとく》によって、
私達の犯した罪や心身の穢《けが》を祓《はら》い清めて下さいと、
申し上げることを、どうかお聞き届け下さいませ

何やら仰々《ぎょうぎょう》しい印象を受けますが、
本当に伝えたいことは、シンプルなんです。

冒頭の言葉を超訳すると、次のようになります。

本当に畏れ多いことです。
言葉にして神様にお願いしてしまうなんて
大変畏れ多いことなのですが、

どうしてもお伝えしたいことがありますので、
失礼を承知ながら、これから神様にお話しさせていただきます――。

常に心を磨き、修行している神職の方ですら、
いざ神様に「言葉を発する」ということは、
大変な覚悟がいる、ということですね。

これほどまで、畏れ多くかしこまって、
神様に言葉を申し上げているのですから。

「言葉にする」ことを、〝言挙げ〟といいます。

日本語には、〝言霊《ことだま》〟という言葉がありますね。
言葉に命（＝霊《たましい》）が宿ると、昔から考えられてきたのです。

言葉に霊が宿っているので、
「言葉に出してしまう」と、必ず「実現する」。

そのため、言葉を発すること自体が、
とても畏れ多いこととされてきました。

言葉の力を甘くみてはいけない、
滅多なことを軽々しく口にしてはいけないと、されてきたのです。

ただでさえ言葉にするのを慎《つつし》んでいるわけですから、
神様に対して言葉を発するとなると、
本当に畏れ多いことなのです。

また、言葉の意味とは別に、
〝音〟そのものに注目し、
一音一音に重要な意味を見い出すことを、
「ことたま」といいます（「ことだま」と濁らないのですね）。

私たちの祖先は、音のひとつひとつに霊が宿ると信じ、
「音そのものが、この世界をつくっている」
とさえ、思ってきたといわれています。

『古事記』に書かれている文字は、すべて漢字です。

ただし、漢字は当て字として振り付けられたものであり、
漢字そのものの多くにあまり意味はない、
本当に大事なのは〝音〟の方だといわれています。

つまり、『古事記』では〝ことたま〟が、より重要なのです。

書かれている漢字の意味にとらわれずに、
音にして読んでいくだけで、
書かれていることがなんとなくわかってくる。

声に出して読むことで、なんとなく内容が伝わってきて、
〝ことたま〟の力で、現実が動き始める。

このことを〝理《ことわり》〟と〝働《はたらき》〟と表現します。

音が世界を司《つかさど》る力を秘めているという真実が〝理〟であり、

それを言葉として発することで、
現実が変わり、動き出すことを〝働〟といいます。

「言葉にしたら、現実になる」

それが、言葉の〝音〟に霊が宿るという、
〝ことたま〟思想の根底にあるものです。

私たちは自分の発する音、
そして言葉に、責任を持たなければならない。

逆に言えば、日本語にはとてつもない力が宿っているから、
使うときは慎んで、気をつけて使いなさいというメッセージが、込められているのでしょう。

日本人が、はっきりものを言わないという性質も、
根底に、この思想があるからだと考えられますね。

どちらが良い、悪いではないのですが、

西洋では、明確な言葉にせよ、
文字にして表現せよという発想が根底にあり、
日本は、言葉にするな、文字にするな、
秘めておけ、という発想が根底にある。

つまり西洋と日本では、
真逆の価値観が培《つちか》われてきたように思われます。

日本人は、あまり言いたいことを言わないとか、
無口で主張をしないと、
世界の人たちから指摘されることがありますが、
その原因はこういうところに起因しているのです。

言葉にするときには、その言葉に責任を持つんだと覚悟する。

だからこそ寡黙《かもく》な日本人が、ひとたび口を開いて発した言葉は、
信じるに足るものだったのです。

『古事記』の編纂は、
稗田阿礼が膨大な情報を暗唱し、
太安万侶が書き留めて出来たと先に述べましたが、

「言挙げせず」という価値観の中で、
膨大な〝ことたま〟を文字に表して、〝言挙げ〟することは、
並々ならぬ覚悟であったことが推察されます。

およそ千三百年前という、神々がまだ生活の中に
生き生きと根づいていた時代に、
神事《かみごと》を「言挙げ」するという大変なリスクを冒し、
それほどの覚悟をしてまで、
後世の私たちに伝えたかったこととは、一体何だったのか。

それを次の章で紐解いてまいりましょう。

第二章

三種の神器《しんき》を磨きあげる

漢意《からごころ》から大和心《やまとごころ》に

それでは、いよいよ『古事記』の核心に迫《せま》っていきましょう。

キーワードは、「漢意から大和心に」。

これは、「からごころからやまとごころに」と読みます。

『古事記』の註釈書『古事記伝《こじきでん》』を著した、国学者・本居宣長《もとおりのりなが》の言葉です。

普通に考えれば、〝からごころ〟とは、海外から日本に入ってきた考え方や文化を指しますが、

ここでいう「からごころ」とは、もっと広い意味があり、
海外から取り込んだもののほかに、
「本質のまわりに付着したもの」を意味すると考えられます。

本質のまわりに付着したものとは、
〝見栄〟とか〝虚栄心〟のようなものを指すと言われています。

それに対して、〝やまとごころ〟というのは、
日本人が本来持っているものであり、
付着したものを取り払った本質的なものを指します。

それは、
「魂のような根源的なもの」

「あるがまま」
を意味します。

世の中、見栄や虚栄をはって、いろいろと装飾されていますが、
それをふりほどいてみる。

そして、本質的な、純粋な魂に向かって、
あるがままに生きる。

それが、日本人の本来の生き方である。

『古事記』は、さまざまな物語を通じて、
そのことを私たちに教えてくれていると
本居宣長は言っています。

そう言われてみると、第一章の大国主命と八上姫の結婚も、
八上姫が大国主命を選んだ経緯は、
まさに〝大和心〟の発露だったのでしょうね。

〝ことだま〟と〝ことたま〟の話を先ほど述べましたが、
音は、余計なものが取り払われた、非常に純粋性の高いものです。

『古事記』を読めば、そこにはあるがまま、余計なものがない、
〝ことたま〟の世界が広がります。

刻まれた漢字そのものの意味を追いかけるのではなく、
声に出して読むと生じる〝ことたま〟の世界を感じて、
魂をふるわすことで、
目には見えない根源的なものに立ち返るのが、

『古事記』の世界観の本質であり、
『古事記』を読む醍醐味であるというのが、
本居宣長の研究の成果だと思います。

三種の神器が象徴するもの

すでにご存知の方も多いと思いますが、
三種の神器とは、〝鏡〟〝剣《つるぎ》〟〝勾玉《まがたま》〟ですね。

正確には、

八咫鏡（やたのかがみ）

天叢雲剣（あめのむらくものつるぎ）別名、草薙剣（くさなぎのつるぎ）

八坂瓊曲玉（やさかにのまがたま）

のことをいいます。

これらひとつひとつにまつわる詳細な物語は、

『古事記』の詳しい解説書に役目を譲りたいと思いますが、

これらが「神の器《うつわ》」と言われるほど重要なのは、なぜでしょうか。

一つ目の理由としては、

これらが、歴代天皇によって、皇位の璽《しるし》として代々継承され、

〝天皇であることの証《あかし》〟であったから、ということ。

でも、それ以上に、私が驚きと感動をもってお伝えしたい、
もう一つの理由があります。

それは、

この三種の神器が〝和の心〟を象徴しているからではないか、

ということです。

鏡、剣、勾玉は、どれも磨くものです。

その実物は、〝皇位の証〟として実際に存在しますが、
本来、三種の神器は私たち日本人の心に宿っていて、
それらを磨き上げることが日本人の〝道〟である、

という説があるのです。

聖徳太子の十七条の憲法の
第一条は「和を以《もっ》て貴《とうと》しとなす」。

このことに象徴されるように、
私たち日本人は、〝和〟を大切にしてきました。

その〝和の心〟を具現化したものが、三種の神器であり、
これらを磨き上げなさいというのが、
『古事記』に込められた先人たちからのメッセージの一つではないか、

そんな視点に立って、三種の神器が象徴する〝和の心〟を
解き明かしていきたいと思います。

和の心と三種の神器

南北朝時代の公卿《くぎょう》で、南朝を支えた北畠親房《きたばたけちかふさ》は、著書『神皇正統記《じんのうしょうとうき》』の中で、〝和の心〟と〝三種の神器〟の関連性について、興味深い記述をのこしています。

そこには、

鏡が〝清《きよ》き明《あか》き直《なお》き心〟

剣が〝決断〟

勾玉が〝慈悲〟

を意味する、とあります。

〝清き明き直き心〟とは、〝清らかで、明るく、素直な心〟。

〝決断〟とは、平穏なときよりも、
困難や逆境にみまわれた際に、
それを乗り越えようと奮起するときに必要なものですから、
ここでは〝困難に立ち向かう心〟と表現したいと思います。

〝慈悲〟とは、〝相手を思いやる心〟。

つまり北畠親房によれば、〝和の心〟とは、

素直な心

困難に立ち向かう心

思いやりの心

の三つの心からなる、ということができると思います。

さらに『古事記』を読み進めていくと、
三柱《みはしら》の尊い神様（＝三貴神《さんきしん》）と、
三種の神器の関連性が浮かび上がってきます。

三種の神器と三貴神

ニニギノミコトが、アマテラス大神の命《めい》で
高天原からこの地に遣わされた時に
手渡されたとされる、三種の神器。

鏡を渡される時に、
「これ（鏡）を、わたし（アマテラス大神）だと思って、素直に祀《まつ》りなさい」
と言われた、と伝えられています。

ここから、鏡とは、アマテラス大神を象徴しているものと思われます。

剣については、先ほども触れましたが、

スサノオが、ヤマタノオロチを退治したときに、
オロチの尾から出てきたものが、〝天叢雲剣《あめのむらくものつるぎ》（草薙剣《くさなぎのつるぎ》）〟でした。
この物語から、剣は、スサノオを象徴している、と思われます。
最後に、勾玉が象徴している神様を考えてみたいと思います。
『古事記』には、次のような物語があります。

「伊弉諾命《いざなぎのみこと》が禊《みそぎ》をしたときに、
三柱《みはしら》の貴い神様がお生まれになりました。
アマテラス大神、スサノオ、そしてツクヨミです」

ツクヨミは、アマテラス大神や、スサノオのように、
『古事記』に何度も登場するメジャーな神様ではなく、

その名前が登場するのは、
『古事記』の物語を通して、なんとこの一度だけです。

ですが、このツクヨミは、
アマテラス大神、スサノオとともに、
非常に重要な三柱の貴い神様である、とされています。

ということは、三種の神器の最後のひとつ、勾玉は、
ツクヨミを象徴しているのではないか、
という仮説を立てることができると思います。

つまり、貴い三柱の神様と、三種の神器と、和の心が、
次のように見事に対応していると考えられるのです。

アマテラス大神　＝　鏡　＝　素直な心
スサノオ　＝　剣　＝　困難に立ち向かう心
ツクヨミ　＝　勾玉　＝　思いやりの心

三種の神器と貴い三柱の神々の物語は、共通して、〝和の心〟を象徴している――、そう捉えると、『古事記』からのメッセージが、より明確になりますね。

〝和の心〟は、私たち、日本人にとって民族の根幹とも言うべき、大切なものであり、三つの要素のバランスが大切です。

たとえば、ただ素直なだけの人は、
八方美人のように映り、まわりから信頼されないかもしれません。

困難に立ち向かう心が強すぎて、
他の要素とのバランスを欠いてしまうと、
自己中心的と受け取られかねません。

〝和の心〟を構成する三つの心をまんべんなく磨いてこそ、
人生は拓《ひら》かれていくのだということを、

さまざまな物語、数々のたとえ話を通して、
『古事記』は繰り返し、私たちに語りかけてくれています。

日本の叡知の真髄、〝中空均衡構造《ちゅうくうきんこう》〟

心理学者であり、『古事記』の研究家でもいらした
故・河合隼雄《かわいはやお》先生は、
西洋と東洋の違いを研究されるなかで、
興味深いことをおっしゃっています。

西洋と日本を比較すると、さまざま概念の違いがありますが、
最も大きな違いの一つに、
リーダーシップの概念が挙げられる、と。

たとえば、西洋も日本も
〝3〟という数字を大切にするところは共通していますが、

〝3〟という数字とリーダーシップの関係性が、大きく違うのです。

西洋では、カリスマ性のあるリーダーを支えるように頂点が一つ存在し、それを下の二点で支える、ピラミッド型の三角形を作る傾向があるそうです。

「英雄ともに立たず」という言葉に象徴されるとおり、カリスマ性のある人が君臨し、残りの二人は支える役割を果たす、という関係性を構築するのです。

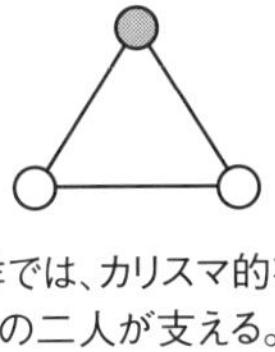

西洋では、カリスマ的存在を他の二人が支える。

一方、日本の場合は、同じ三つの要素で、まったく違うものを形作ります。

真ん中は一歩引いて、少し低いところにおさまり、残りの二つの要素が引き立つように、両者の間でバランスを取る。

それはまさに、ヤジロベエの軸のように、
真ん中の一点が、低いところで重心をなし、
左右のバランスを取る、という役割を果たすのに似ています。

河合先生は、このカタチを〝中空均衡構造〟
（＝中が空で、全体の均衡をとる構造）と呼んでいらっしゃいます。

「中が、からっぽ」となることで、
両方のバランス、全体のバランスを取る、ということですね。

真ん中が一歩引くことで、残りの両端を引き立たせる。

中心が頂点に立ち、カリスマ性を発揮するのではなく、

日本のリーダー

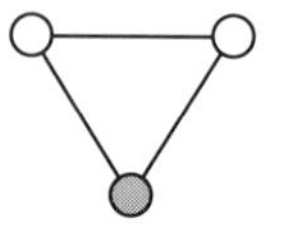

日本では、リーダーが一歩引き全体のバランスをとる。

真ん中が、一歩引くことで両雄を並び立たせ、全体のバランスを取る。

『古事記』の例でいうと、
アマテラス大神と、スサノオは、
ともに、非常に大きな存在感を放っています。

一方、ツクヨミは、同じくらい貴い神様でありながら、
名前が登場するのは一回だけ。

存在感が非常に薄いのです。

すなわち、ツクヨミが一歩さがって
アマテラス大神とスサノオの活躍を陰で支え、
バランスを取っているからこそ、

アマテラス大神とスサノオは、
それぞれが独自の魅力を際立たせて活躍できる。

ツクヨミという神様が、貴い神様でありながら、
存在感があまりにも薄いのは、
残りの二柱の神様を引き立たせているからなのです。

西洋では、リーダーを支えるために、残りの二人が存在する。
日本では、残り二人の個性を発揮させるために、
一歩引いて、目立たずに、
重要な役割を果たす存在が真ん中にいると考える。

この中空均衡構造という叡知は、

五重塔のような、日本古来の建築の技法にも
垣間見《かいまみ》ることができます。

五重塔の真ん中にある柱(＝心柱《しんばしら》)は、
通常、〝心礎《しんそ》〟と呼ばれる礎石に据《す》え置かれています。

飛鳥《あすか》時代から白鳳《はくほう》時代
(およそ一四二〇年前から一三〇〇年ほど前)といった
古い時代には、心礎は地中深く埋められていましたが、
それ以降は、心礎は地上に出ているのが一般的です。

心柱の多くは、その地上に出た心礎に据え置かれていますが、
なかには、心礎と接しておらず、
上から吊り下げられているだけで、

基礎の部分で心柱の立て方には三通りある

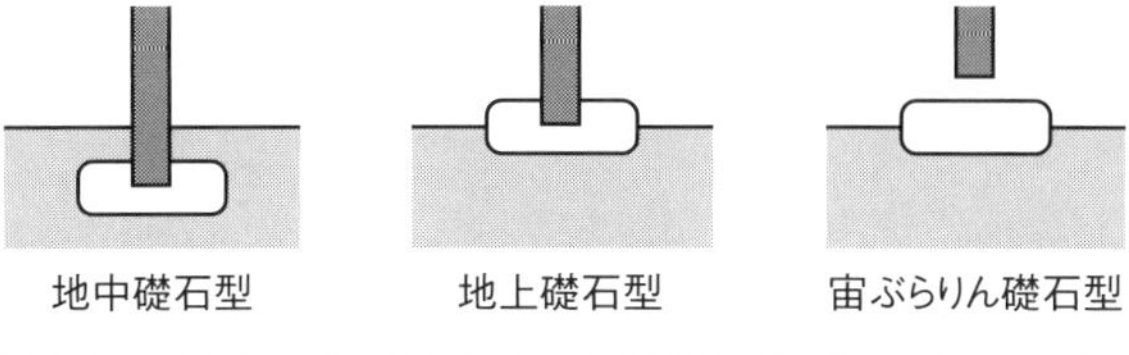

宙ぶらりんとなった心柱も存在します。

しかも、心柱が塔の小屋組みと接しているのは、
屋根の頂上部だけ。

それで地震が来ると、建物の揺れに柔軟に対応して、
免震機能を発揮するのです。

一歩さがって、全体を支える。
中をからっぽにして、しなやかな強さを発揮する。

そういう叡知を、ずっと昔から、日本人は大切に継承してきたのですね。

余談ですが、日本語を学ぶ多くの外国の方々にとって、

難しいと言われている〝謙譲語〟を、
中空均衡構造から説明することができます。

〝謙譲語〟は、決して自分を卑下するものではなく、
自分が一歩引くことによって相手を立てる、というもの。

そこには、自分が一歩さがって、
相手の良さを引き立たせるという知恵が宿っていて、
それは、まさに中空均衡構造そのものです。

世界の言語の中で、日本語は謙譲語の種類が圧倒的に多いと言われますが、
その理由は、神話の時代から受け継がれてきた、
中空均衡構造という叡知を継承して培《つちか》った、
民族性にあるのかもしれませんね。

世界で話題となった日本人アスリートのお辞儀

民族性というものは、些細《ささい》なしぐさにも顕《あらわ》れます。

メジャーリーグ一年目で大活躍をした、大谷翔平《おおたにしょうへい》選手。ホームランやヒットを打ってベンチに戻ってきた時に大谷選手が見せる〝お辞儀〟に、世界が注目しました。

文化の違いにから、世界には、お辞儀を屈辱的なしぐさと捉える人もいるなかで、大谷選手のお辞儀は、「素晴らしい」「相手への敬意を感じる」など、好意的な印象をもって受け取られています。

大谷選手のお辞儀は、なぜ多くの人の心を揺さぶったのでしょうか。

海外での武道の試合で、試合前の礼（お辞儀）をするときに、
お互いの目線を外《はず》さずに、上体だけ屈《かが》めて礼をする姿を、
たまに見かけることがありますね。

また、最近では、日本人同士の挨拶でも、
そのようなお辞儀のしかたが増えていると聞きます。

しかし、目線を外さないお辞儀に、
何か違和感を覚える人も多いでしょう。

いつ何時、何があるか分からない戦国の世では、
たとえ相手が親しい間柄《あいだがら》であったとしても、
目線を外すということは

無条件に首を差し出すことと同じでした。

普通なら、そんなことは怖くて出来ません。

ですから、目線を外したお辞儀をするということは、
相手に対して敵意がないことや、
服従を示す行為であるとされてきました。

その意味で、武道の試合前に目線を外さずに礼をするということは、
間違ってはいないのです。

ところが、今まさに戦おうとしている相手に、
正々堂々とした戦いに挑むべく、

「私はあなたを信じ切る」という覚悟を持って、目線を外して礼をされたら、どう感じるでしょうか。

全身全霊を賭けたその振る舞いに圧倒され、人間としての大きさを感じずにはいられないと思うのです。

「たとえ敵であったとしても、この人は信用できる」と感じるはずです。

お辞儀とは鏡のようなものであり、その振る舞いに、私たちの心の中が素直に映し出されます。

おそらく世界の人々は、大谷選手のお辞儀にベースボールを超えた〝野球道《やきゅうどう》〟を感じたのでしょうね。

自分を信じ切れるか。

相手を信じ切れるか。

お辞儀という些細な振る舞いのなかに、その人のすべてが顕《あらわ》れるのです。

私たちの心に宿す、三種の神器の一つ、八咫鏡。
それは、あなたの心を、そのまま映し出す鏡でもあるのですね。
鏡に映し出されたあなたの心が、
あなたの立ち居振る舞いや言葉となって顕れるのです。

中江藤樹《なかえとうじゅ》の「五事《ごじ》を正す」

江戸時代前期、その生きざまを〝近江聖人《おうみせいじん》〟と称《たた》えられた儒学者・中江藤樹。

彼は、「人は誰でも天から与えられた美しい心を持っている」と信じ、
その美しい心を〝良知《りょうち》〟と呼びました。

人は、生まれながらにして美しい心を持っている、
けれども実際には、多くの人は、
自分の欲望によって、良知を曇らせてしまっている。

その曇りを祓うには、
自分の心を絶えず磨きつづけ、
鏡のように輝かせておく努力が必要である。

そのためには、日常、五つのことを心がければよいと、
藤樹は述べており、

これを「五事を正す」といいます。

「五事」とは、「貌言視聴思《ぼうげんしちょうし》」を指します。

なごやかな顔つきをし【貌】

思いやりのある言葉で話しかけ【言】

澄んだ目で物事を見つめ【視】

全身を耳にして誠実に相手の話を聴き【聴】

まごころをもって相手に接する【思】

いかがですか？

五事を正すことで心を磨けると思ったら、希望がわいてきませんか？

心を磨くというのは、何か特別な稽古《けいこ》が必要で、

ハードルが高いことのように思えますが、

実は、毎日のちょっとした心がけが大切で、

その小さな覚悟が、人生を大きく変える原動力になるのですね。

日常を丁寧《ていねい》に、真心を込めて生きることが、

曇りのない、美しい心を育んでいく。

良知を覆《おお》う曇りを祓って、

本来の輝きを取り戻すことの大切さを、

藤樹は私たちに示してくれています。

日本の歴史や文化から〝大和心〟を説いた、本居宣長。
彼が伝えたのは、本質のまわりに付着したものや装飾物（漢意）を取り払い、
本質的な純粋なもの（大和心）と向き合うことの大切さでした。

一方、中江藤樹は、心の磨き方や曇りの祓い方を示し、
人の生きるべき道を説きました。

この二人の示した方向性が、ピタッと一致しているのです。

こうして偉大な先人たちが
素晴らしい道しるべを残してくれていることに、

私は深い感慨を覚えます。

日本人が求めた〝道〟

第一章で〝勤労の美徳〟についてお伝えしました。

〝はたらく〟の語源は、一説には「傍《はた》の人を楽《らく》にする」であり、私たちは、自分の時間を誰かの喜びに変えるために、一生懸命働きます。

この勤労の美徳は本当に素敵ですが、日本人の労働観には、もう一つ、別の特徴があります。

それは、「自分の置かれた場で道を求めた」ということです。

道とは、〝生き方〟であり、〝生きざま〟。

このことに気づかせてくれたのは、
航空会社の新入社員研修でお世話になった、社外講師の方です。

「たとえば、あなたが機内でお客様に頼まれて、
コーヒーをお出ししたとする。

機内のコーヒーは、喫茶店のように、
豆や入れ方にこだわっているわけではない。

言ってみれば、〝たかが一杯のコーヒー〟である。

その〝たかが一杯のコーヒー〟が、あなたの出し方一つで
〝されど一杯のコーヒー〟になる。

お客様にコーヒーをお出しするのは、ほんの一瞬。

でもその一瞬に、
あなたが今までどんな生き方をしてきたのか、
その生きざまがすべて凝縮されるんですよね」

私はこの言葉を、ずっと支えにして仕事をしてきたので、
客室乗務員という仕事を、
ただの接客業と思ったことは一度もありません。
私は常に〝接遇道《せつぐうどう》〟だと思ってきました。

接遇道、すなわち〝おもてなしを究める道〟が私の仕事——。
そう肝《きも》に銘《めい》じると、
不思議なことに、腰骨《こしぼね》がピンと立ち、丹田《たんでん》に力が入り、
あとからあとからエネルギーがわき起こってくるのです。

日本人にとって、仕事とは、〝道〟なんですね。
日本人は、仕事を通して、自分の生きざまを磨き上げてきた、
と言えるのではないでしょうか。

日本人の求めた道といえば、〝武士道〟があまりにも有名ですが、
親日家として知られる台湾の李登輝《りとうき》元総統《もとそうとう》は、
武士道について、こんなことをおっしゃっています。

「日本人は、地球上で極めて稀《まれ》な民族である。

たとえば、武士道。
たとえば、侘《わ》びや寂《さ》び。

これらには、形がない、色がない、においがない。
つまり実体のないものである。

その実体のないものを、すべての国民が共有できている。
その意味で、おそらく日本人は、地球上でただ一つの民族だろう」

李登輝さんの言葉、とても深いですね。

「武士道が素晴らしい」という単純な内容ではなく、
「武士道をすべての国民が共有していることが素晴らしい」

とおっしゃっているのです。

この言葉の意味を、私はこんなふうに解釈しています。

たとえば、ヨーロッパには騎士道があり、武士道との共通点も多い。

けれども、ヨーロッパには、一神教を信じている人が多く、

彼らが紡《つむ》いできた歴史は、

「勝ち組と負け組」

「支配者と被支配者」

「資本家と労働者」

「本国と植民地」

のように、「この世は対立する二元《にげん》によって成り立っている」とする、二元論に陥《おちい》りがちな傾向にある。

その価値観の中にあっては、あなたはどちらなのか、という二者択一を迫られる。

二元論の世界では、

騎士道は、特権階級であり、支配階級である者たちの生き方であって、

被支配者である庶民には、なかなか理解できるものではない、とされる。

一方、日本の歴史を紐解《ひもと》けば、

為政者《いせいしゃ》は慈しみの心、愛の力、徳により民を治め、
民は、そのリーダーの愛に一方的に甘えるのではなく、
まるで子が親に対して孝養《こうよう》を尽くすように、
誠の心を尽くしてきた――、
そんな姿が浮かび上がってきます。

為政者と民の根っこは一つであり、
日本は一元《いちげん》の国である、私はそう感じています。

私がそのように感じる根拠は、神話にあります。

日本の神話によれば、天孫降臨の際に、ニニギノミコトは
アマテラス大神に「知《し》らせ（統《しら》せ、治《しら》せ）」と命じられました。

「知らす」とは治めることを意味しますが、
力で相手をねじ伏せることを決して「知らす」とは言いません。

「知らす」の語源は、
「民の心を知る」、あるいは、「天の心を知る」。

民の心を知り、慈しみの心で民を治めることを
「知らす」と言うのです。

知らすためには、リーダーが自分の人間力を高め、徳を積むことが重要です。
つまりアマテラス大神は、愛する孫に、自分を律する厳しさを伝えたのですね。
さらに、今からおよそ千六百年前の話として、
仁徳天皇の〝民のかまど〟という伝承があります。

あるとき、都を眺め渡した仁徳天皇は、
ご飯《はん》どきなのに家々のかまどから煙が立ち上ってこないのをご覧になり、
民の生活が困窮《こんきゅう》しているのではないかと、胸を痛められました。

そこで天皇は、三年間、税を免除することを決めます。

三年後、再び都を眺め渡すと、
今度は家々のかまどから煙が立ち上っていました。

仁徳天皇は幸せそうに微笑まれ、
「私は豊かになった」とおっしゃったそうです。

ご自分のお召し物は古《ふる》び、
宮殿の屋根や壁の一部が朽《く》ちていたにもかかわらず――。

おそらく「自分の幸せは民の幸せがあってこそ」というのが、
仁徳天皇の思いだったのではないでしょうか。

民が豊かになったのを見て「私は豊かになった」と喜ばれる姿は、
まさに、一元の国の象徴的な感性ですね。

そしてその思いが、歴代の天皇に脈々と受け継がれているのでしょう。

皇室は代々、国民を「大御宝《おおみたから》」と呼んできました。
民を「宝」とするだけでも、世界に類を見ないのに、
尊称を付けて「御宝《みたから》」、さらに「大いなる御宝」としたのです。

その歴代天皇の慈しみの心を、民は「大御心《おおみごころ》」と呼び、

心からの感謝を捧《ささ》げてきました。

ここに「知らす」国・日本の美徳が溢れています。

もちろんニニギノミコトや仁徳天皇の話は、
あくまで〝神話〟や〝伝承〟であり、
史実ではないと主張する方々もいらっしゃいます。

でも、実際にあったのか、なかったのかという議論よりも、
先人たちが何を大切にしてきたのか、
そしてそこから私たちが何を学ぶのか、
ということに、より大きな意味があると思うのです。

ニニギノミコトや仁徳天皇のあり方こそが、

為政者の理想の姿であると日本人が信じてきた、
これは、誰にも否定できない事実なのですから。

加えて、江戸時代は、二百年以上も平和が続いた、
人類史上、稀有《けう》な時代です。

本来、戦うために存在していた武士が、
その長く続く平和な世の中で、
〝武士道の体現者〟であるということに、
自らの存在意義を見出していきます。

すると、彼らの見事な生きざまに、多くの民が憧《あこが》れを抱きました。

新渡戸稲造《にとべいなぞう》は、「武士道の根幹は〝仁義礼智信《じんぎれいちしん》〟にある」と述べましたが、この精神を多くの日本人が共有したのです。

日本には、武士に武士道があったのと同じように、
農民には農民の道があり、
職人にも、商人にも、それぞれの道が存在しました。

さらに、武道という言葉が示す通り、
柔道、剣道、弓道、合気道、空手道、相撲道など、
他の民族が〝スポーツ〟と呼ぶ分野にも、
また茶道、華道、歌道、書道、香道《こうどう》など、
他の民族が〝文化〟や〝芸術〟と呼ぶ分野にも、

日本人は道を求めてきました。

つまり、日本人は、あらゆる職種の人が、
自分の置かれた場で道を求めただけでなく、
人生のあらゆる場面においても、
道を求め、己を磨き上げてきたのです。

李登輝元総統の

「すべての日本人が武士道を共有できている」

という驚き、そして称賛は、
このような日本の特異な歴史に対する

氏の深い洞察《どうさつ》を示すものでしょう。

そして日本人が求めた道には、ある共通点があります。

それは、「ゴールがない」ということです。

昭和五九年（一九八四年）のロサンゼルス五輪で金メダルを獲得した柔道の山下泰裕《やましたやすひろ》さんは、信じられないことですが、外国人選手には一度も敗れたことがありません。

引き分けをはさんで二百三連勝と、驚異的な記録を更新中に引退なさいました。

引退後、「連勝を続けている間は何を考えていたんですか？」

「勝つことのみに集中していたんですか？」と訊《き》かれ、こう答えていらっしゃいます。

「相手に勝とうなんて、考えたことはありません。僕はただ、僕の中に理想としている柔道があって、それに近づくことだけを考えていました」

山下選手が理想の柔道に近づこうと、稽古を積み重ねる。するど、山下選手は成長する。

自分の成長に伴って、理想の柔道も進化する――。

その結果、理想に近づくことはできても、ゴールに至ることはない、それが日本人の追い求めた〝道〟なんだと思います。

〝柔道〟という言葉が定着したのは、実は明治に入ってからで、
それ以前は〝柔術〟と呼ばれていました。

柔術と柔道の違いは、どこにあるのでしょうか。

専門的にはいろいろご意見があるでしょうが、
ひとことで言えば、次のような違いがあると思います。

〝柔術〟の目的は「相手を打ち負かすこと」。

〝柔道〟の目的は「自分自身に打ち勝つこと」。

怠《なま》けたくなる自分に打ち勝ち、

昨日までの自分を超えることが、柔道の目的なのです。

昨日までの自分を常に超えていけば、
人生最後の日まで成長し続けることができる。

それが、道を持つことの意義なんですね。

〝道〟というのは、実に深いですね。

史上最高の柔道家の話の後に、
私の経験をお話しするのはおこがましいのですが、
私も自分の理想に近づくために、毎日一生懸命仕事をしてきました。

その瞬間、瞬間に、いつも持てる力の一〇〇%を出し切っていた、という自負《じふ》はあるんです。

でも、仕事を終えて、その日を振り返った時に、どうしても自分に一〇〇点はあげられません。

「本来なら、お客様にこうして差し上げることもできたのに、あのときには気づかなかった」

「後輩にこういう言葉を掛けていれば、もっとお互いが仕事しやすくなったのに……」

と、課題が見つかってしまうからです。

次の日、その課題を克服しようと、高い意識を持って仕事に取り組む、すると、当初の課題はクリアできるんです。

でも、たとえ当初の課題をクリアできたとしても、やはり満点はつけられません。

人間は、与えられた場で精一杯の努力をすれば、必ず成長します。
成長した自分が、その日の仕事を振り返った時に、
新たな課題を見つけてしまうんですよね。

次の日、その課題をクリアすべく頑張ると、
成長した自分がまた新たな課題を見つけてしまう――。

そうやって日本人は、決してゴールに至ることはないのに、
高みを目指して、死ぬまで自己を磨き上げてきたんですね。

ということは、私たち日本人は、
死ぬ時が最高の自分になっているはずです。

生きることは、もちろん素晴らしいけれど、
最高の自分で死ねるのだとしたら、
死を、必要以上に怖れたり憎んだりしなくてもいいのかもしれません。

よく考えてみたら、
生きることや健康がいいことで、
死や病気が悪いというのは、
西洋に象徴される二元論の考え方ですよね。

日本人は、本来、「こちらがいいことであちらは悪いこと」と
振り分けたり、裁いたりするのではなく、

すべてを包み込み、受け入れるだけの
大らかさ、強さ、優しさ、
そして潔《いさぎよ》さを持った民族なのだと思います。

死を受け入れることで、
生の素晴らしさに気づける。

死を意識するからこそ、
かけがえのない命をいただいたことに感謝し、
命を輝かせることができる。

これこそが、一元的なものの見方だと思います。

〝道〟の話から話題が広がりすぎましたね（笑）。

「昨日の自分を超える」という日本人の道。
この実践は、日常の中に、自然な形で挑戦を生み出します。

三種の神器の〝剣〟が象徴する、〝困難に立ち向かう心〟。

これを磨くには、
何か特別に大きな挑戦をすることも素晴らしいのですが、

日常生活の中にある、仕事や稽古に道を求め、
昨日の自分を超えていく、

そういう日々の行動や努力を通して、

小さなチャレンジを積み重ねていくことで磨けるものだと思っています。

三種の神器は今どこに

神話によると、八咫鏡《やたのかがみ》は、高天原でアマテラス大神が天岩戸《あまのいわと》にお隠れになった時に、石凝姥命《いしこりとめ》という神様によってつくられたとされています。

自分が岩戸に隠れたにもかかわらず、岩戸の外では、他の神様たちが祭りを行い、大変楽しそうにしている。

そのことを不思議に思われたアマテラス大神が、理由を尋ねると、
「あなた様より美しく立派な神がおいでになりました」という返事が……。

アマテラス大神が、自分以上に美しく立派な神とはどのような存在か、興味をそそられ、岩戸の扉をそっと開きかけた時、鏡が差し出されたのです。

そこに映し出されたのが、ご自分の顔だと分からないアマテラス大神は、もう少しよく見てみようと、扉をさらに開いて体を乗り出しました。

その時でした。

思兼神《おもいかねのかみ》がアマテラス大神の手を引き、手力男命《たぢからおのみこと》が扉を開け放ったので、

アマテラス大神に岩戸から出ていただくことができました。
それで、ようやく高天原に再び明るい平和な時代が訪れた、
というのが、天岩戸の神話です。

この八咫鏡が、天叢雲剣《あめのむらくものつるぎ》（草薙剣《くさなぎのつるぎ》）と八尺瓊勾玉《やさかにのまがたま》とともに
アマテラス大神からニニギノミコトに授けられ、
その曾孫《ひまご》である神武《じんむ》天皇以降、
代々の天皇の側《かたわら》に置かれ、皇位継承の象徴となったのです。
その後、第十代崇神《すじん》天皇のときに、
八咫鏡は宮中から倭《やまと》の笠縫邑《かさぬいむら》（正確な位置は不詳）に移されます。

さらに第十一代垂仁《すいにん》天皇の御代《みよ》には、天皇の第四皇女・倭姫命《やまとひめのみこと》が、
アマテラス大神の神魂《しんこん》（すなわち八咫鏡）を鎮座《ちんざ》させる地を求め、
各地を転々とした末、
ついに伊勢国《いせのくに》の五十鈴《いすず》川のほとりに祀《まつ》ることを決めます。

これが伊勢神宮の起源と言われ、
八咫鏡は、現在では、皇大神宮《こうたいじんぐう》（内宮）にご神体として祀られています。

天叢雲剣《あめのむらくものつるぎ》については、
第一章のヤマタノオロチの神話の中で詳述しましたが、
この剣が、後にスサノオからアマテラス大神に献上され、
さらにニニギノミコトに授けられました。

〝天叢雲剣〟が別名〝草薙剣《くさなぎのつるぎ》〟と呼ばれるようになったのは、ヤマトタケルノミコト（以下ヤマトタケル）の伝説に由来します。

ヤマトタケルは、第十二代景行《けいこう》天皇の第三皇子であり、第十四代仲哀《ちゅうあい》天皇の父にあたります。

幼少の頃から武勇にすぐれ、父の景行天皇の命《めい》で、諸方《しょほう》の平定に派遣されたヤマトタケルを、陰になり日なたになり支えたのが、伊勢の神宮に仕える、伯母の倭姫命《やまとひめのみこと》です。

九州、続いて出雲を平定したのも束《つか》の間、すぐに東国の平定を命じられたヤマトタケルに、倭姫命は天叢雲剣と袋を授け、危急のときに袋を開けるように伝えました。

その剣と袋が、ヤマトタケルのピンチを救います。

相模（現在の神奈川県の大部分を指しますが、「さがみ」は「神様の住む地」を意味するという説もあります）の国造《くにのみやっこ》（地方の行政官）に欺《あざむ》かれ、火を放たれ、野火《のび》に囲まれたところを、ヤマトタケルは剣で周囲の草を薙《な》ぎ、袋の中にあった火打ち石で、逆に敵に向かって火を燃やして、難を逃れたのです。

これ以降、〝草を薙いだ剣〟から、〝草薙剣〟と呼ばれるようになりました。

静岡県に残る焼津《やいづ》、草薙《くさなぎ》といった地名は、ヤマトタケルが草を薙ぎ、焼き払うことでピンチを脱したという、この伝説に由来します。

ヤマトタケルは、東国を平定した帰途《きと》、尾張《おわり》の熱田《あつた》の地（現在の愛知県名古屋市）に剣をとどめ、伊吹山《いぶきやま》に向かいますが、そこで伊吹山の神の毒気《どくけ》にあたり、病《やまい》を得て、伊勢の能褒野《のぼの》（現在の三重県亀山市）で力尽きます。

伝説では、亡くなったヤマトタケルが、白鳥となって都へ飛び立ったとされていますが、亡くなる前に、都を偲《しの》んで詠んだ歌が素晴らしいのです。

やまとはくにの　まほろば　たたなづく　青がき　山ごもれる　大和しうるはし

後に残されたヤマトタケルの妻や子どもたちは、その死を心から悼《いた》みました。

その妻の一人であった宮簀媛命《みやずひめのみこと》が、ヤマトタケルから預かった剣を、熱田の地でつつしんで祀ったのが、熱田神宮の始まりと言われています。

ですから、草薙剣は、熱田神宮のご神体として、現在に至るまで祀られているのです。

ちなみに熱田神宮は、後の戦国時代に、桶狭間の戦いにのぞもうとする織田信長が、武運を祈ったことでも知られています。

最後に八尺瓊勾玉《やさかにのまがたま》ですが、

これも八咫鏡《やたのかがみ》と同様に、アマテラス大神の岩戸隠れの際に、

玉祖命《たまおやのみこと》という神様によってつくられ、

神々が立てた真榊《まさかき》につけて飾られたと言われています。

八尺瓊勾玉は、鏡や剣と違って、常に天皇の側近《そばちか》くに置かれたので、

現在も、三種の神器のうち、唯一、現物が皇居に置かれているのです。

三種の神器の中で、一歩引いて他者を輝かせる〝中空均衡構造〟の象徴である勾玉が、

常に天皇陛下とともに存在してきた――、

その歴史がまさに皇室のあり方を物語っているようで、感慨深いですね。

南北朝時代の祈り

万世一系《ばんせいいっけい》を誇る日本の皇室が、
歴史上、南朝と北朝に分かれていた時代があります。

いわゆる南北朝時代、
建武《けんむ》三年（一三三六年）から明徳《めいとく》三年（一三九二年）までの
およそ六十年間を指します。

この時代の歴史的な背景を簡単にお話ししましょう。

一三三三年に鎌倉幕府が滅ぶと、
後醍醐《ごだいご》天皇は、〝建武《けんむ》の新政《しんせい》〟と呼ばれる新しい政治体制をしき、天皇自《みずか》らが政治を司《つかさど》るようになりました。

しかしその復古的な政策は、
武士階級から多くの批判を受けることとなります。

そんななか、倒幕の最大の功労者の一人である足利尊氏《あしかがたかうじ》が、
後醍醐天皇に反旗《はんき》を翻《ひるがえ》したことで、
建武の新政は、わずか三年であっけなく崩壊。

その後、尊氏は、自分が朝敵《ちょうてき》となることを避けるため、
鎌倉時代以来の皇統の対立を利用し、
新たに光明《こうみょう》天皇を擁立《ようりつ》し、後醍醐天皇に対抗しました。

暦応《れきおう》元年（一三三八年）には、

尊氏自らが征夷大将軍となり、室町幕府を開きます。

このころ、後醍醐天皇は京都から吉野に逃れ、
正統な天皇は自分であると主張。

その結果、光明天皇の朝廷（北朝）と
後醍醐天皇の朝廷（南朝）が並立するという異例の事態となり、
全国の武士たちも二つの朝廷に分かれて、戦い続けることになります。

これが、南北朝時代です。

明徳三年（一三九二年）に、
三代将軍足利義満が南北朝を一つにまとめるまで、
南北朝の争いはおよそ六十年も続きました。

この間、南朝からは後醍醐天皇を含め四名が、
北朝からは五名の天皇が即位し、
北朝六代目の後小松《ごこまつ》天皇のときに統一が果たされるのですが、

歴代の天皇は、南朝、北朝問わず、
争いのさなかにあっても、
平和への祈り、民への慈愛を和歌に込めました。

まずは南朝の天皇の御製《ぎょせい》（天皇が詠まれた歌）を見てみましょう。

後村上《ごむらかみ》天皇　（第九十七代：南朝二代）

四つの海 浪もをさまる しるしとて 三つの宝を 身にぞ伝ふる

九重《ここのえ》に　いまも真澄《ますみ》の　鏡こそ　なほ世をてらす　光なりけれ

長慶《ちょうけい》天皇（第九十八代：南朝三代）

あつめては　国の光に　なりやせむ　我が窓てらす　夜半のほたるは

教へおく　聖《ひじり》の道は　あまたあれど　なすは一つの　誠なりけり

三種の神器は、南朝にありましたから、
歴代の南朝の天皇は、
皇統のしるしである三種の神器を受け継いだ誇りを、
そして「知らす」国・日本のリーダーとして、

民に慈愛の心を注ぎ、誠の心を尽くすのだという決意を、
歌いあげているのですね。

ここで、後村上天皇の最初の御製について補足しましょう。

日露の開戦が避けられない状況となったときに、
明治天皇が

四方《よも》の海　みな同朋《はらから》と　思う世に　など波風《なみかぜ》の　立ちさわぐらん

とお詠みになったこと、

さらに後年、日米開戦を決定した御前会議で、
昭和天皇が懐《ふところ》から短冊を取り出され、

この明治天皇の御製を読みあげられたことからもわかるように、
「四つの海（四方の海）の波がおさまること＝世界の安寧《あんねい》」
が、歴代天皇の祈りなのです。

後村上天皇の次の御製に出てくる
〝九重〟とは、皇居のことです。

ご自分のお側《そば》近くにある三種の神器の一つ・鏡が、
世を照らす光であってほしい
という、切なる思いを歌に託していらっしゃいます。

その祈りにもかかわらず、現実には争いが絶えない。
だからこそ天皇は、なおいっそう一心に世界の安寧を祈り続ける――。

南北朝の争いという、悲しい現実の中にあるからこそ、後村上天皇の祈りは、至高《しこう》の輝きを放つのです。

次に、北朝の天皇の御製です。

光厳《こうごん》天皇　（北朝初代）

舟もなく　いかだも見えぬ　大河《おおかわ》に　我わたりえぬ　道ぞくるしき

寒からし　民のわら屋を　思ふには　ふすまのうちの　我もはづかし

後光厳《ごこうごん》天皇　（北朝第四代）

聞くからに 民の心もあはれなり 夜寒《よさむ》を時と衣《ころも》うつ声

なほざりに 思ふゆえかと 立ち帰り 治まらぬ世を 心にぞ問ふ

争いの続く世に対する、リーダーとしてのやるせなさ、

「自分が至らないから世が治まらないのだ」

と、すべてを背負う覚悟、

そして、民の苦しみを我がこととする、限りない、慈しみの心。

それらが、北朝の天皇の歌からダイレクトに伝わってきます。

北朝には、三種の神器はありません。

それでも天皇として、民に尽くさないといけない――。

北朝にも〝まこと〟があり、南北朝を超えて、
歴代の天皇は、民への愛を受け継いでいるのです。

北朝の歴代の天皇の御製からは、
たとえ実物はなくとも、

心に三種の神器を抱き、
「知らす」国のリーダーたらんとする、
その心延《こころば》えが汲《く》み取れます。

彼らのその心延えこそが、
まさに三種の神器が象徴する、和の心そのものです。

素直な心

困難に立ち向かう心

思いやりの心

それらを、三種の神器の実物を持たない
歴代の北朝の天皇たちが魂に刻み、
磨き上げていたことに、私は感動を覚えます。

それはまるで彼らが私たちに、
三種の神器が皇統《こうとう》の璽《しるし》であると同時に、

日本人一人ひとりが磨くべき、
和の心を象徴しているのだということを、
優しく物語っているかのように感じられるのです。

ヤマトタケルノミコトの夫婦愛と〝利他《りた》の心〟

「三種の神器は今どこに」の項で、
剣にまつわるヤマトタケルの伝説をお伝えしましたが、

実は、ヤマトタケル伝説には、
日本人の〝利他の心〟の源となるような、
悲しくも美しい夫婦愛が描かれています。

諸国平定の旅の途中、
賊《ぞく》が放った火で絶体絶命のピンチに陥るも、
剣の霊力で危機を脱したヤマトタケルは、

さらに東へと進み、
走水《はしりみず》（現在の神奈川県横須賀市）に到着すると、
そこから対岸の上総《かずさ》（現在の千葉県）に渡るため、船を出します。

三浦半島と房総半島に挟《はさ》まれた東京湾の入口は、
非常に狭く、対岸がすぐ近くに迫《せま》って見えますよね。

ヤマトタケルもそのように感じたのでしょう、
「こんな小さな海など一跳《ひとっと》びだ」と、豪語《ごうご》したのです。

その言葉に、海の神がお怒りになります。

（安易に言挙げすることの戒めが、この物語からも感じ取れますね）

突然の大しけで、船は転覆寸前に！

ヤマトタケルほどの英雄でも、

大自然の力の前では、なすすべもありません。

誰もがあきらめかけた、その時でした。

あなたには果たすべき任務がある、

だから私が海神の怒りを鎮《しず》めます――。

そう決意した妻の弟橘媛《おとたちばなひめ》が、

荒れ狂う海に身を投じたのです。
その直前、彼女は歌を詠みました。

　さねさし　相模の小野に　燃ゆる火の　火中《ほなか》に立ちて　問ひ（い）し君はも

あの相模の野の燃える火の中で、
自分のことよりも真っ先に私の身を案じてくれた、あなた。
そんなあなただからこそ、
私は、あなたのために自分の命を捧げることを厭《いと》いません。
賊に火を放たれ、ヤマトタケル自身も死と隣り合わせだったのに、
自分の身よりも妻を案じた――。

弟橘媛は、それを思い出し、先ほどの歌を詠んだのです。
そして夫の愛に包まれながら、
海神の怒りを鎮めるべく、海に飛び込みました。

やがて海は凪《な》ぎ、ヤマトタケルの一行は、
対岸の港（現在の千葉県君津《きみつ》市）にたどり着きます。

最愛の妻の命と引き換えに……。

数日して、海岸に流れ着いた妻の袖を見つけたヤマトタケルは激しく泣き、
七日の間、その地にとどまりました。

君去らず　袖しが浦に　立つ波の　その面影を　みるぞ悲しき

妻を思い、悲しみにうちひしがれヤマトたタケル（君）が
なかなか去らなかったことから、

「君去らず」が転じ、
〝木更津《きさらづ》〟〝君津《きみつ》〟（ともに千葉県）という地名が
ついたと言われています。

また、袖の着いた地は〝袖ヶ浦《そでがうら》〟と呼ばれるようになりました。
千葉県には袖ヶ浦市、そして千葉県習志野《ならしの》市にも
袖ヶ浦という地名がありますが、
それぞれの地に片袖が流れ着いたという伝承があります。

それにしても、『古事記』の描写から、
妻の至上の愛と、その妻を失った夫の慟哭《どうこく》が、
千数百年の時を超えて、胸に迫りますね。

私は、「あなたの幸せが私の幸せ」という思いが、
日本人の育《はぐく》んできた愛のあり方だと思っていますが、

弟橘媛はそれすらも超え、
自分と相手の区別がつかないくらい相手を思い、
一体化した愛を抱いていたんですね。

「あなたが私、私があなた」というほどに――。

だから躊躇《ちゅうちょ》なく、海に飛び込めたのでしょう。

そして肉体は滅んでも、夫の心の中で生き続けること、
つまり永遠の愛に生きることを、彼女は選んだのでしょうね。

このような神話は、
私たちが知っている、知らないにかかわらず、
実は、遺伝子レベルで影響を受けているのではないかと思います。

たとえば、昭和の時代、プロ野球・阪神タイガースの名選手、
さらに名監督として知られ、その後、
フランスのナショナルチームを率いた吉田義男《よしだよしお》さん。

スポーツ番組のインタビューで、
「フランス人に野球を教えるのに、何が一番難しかったですか？」

と訊《き》かれたときの、答えが意外だったんです。

吉田さんの答えは〝送りバント〟でした。

技術が難しいからではなく、
フランス人には、送りバントの精神が、
なかなか理解できないとおっしゃっていました。

「自分がアウトになることがわかっていて、
なぜバントしなくてはならないのですか」
と言われるのだと。

つまり彼らは、自分がアウトになる代わりに走者を進める、
という発想を持ちにくいということなのでしょう。

けれども、日本人選手なら、たとえ四番バッターであったとしても、
多くの選手が納得して、送りバントやスクイズをやります。

チームのために――。

自分がアウトになって、走者を進める。
自分が命を捧げることで、愛する夫を生かす。

スポーツの一場面と、
命を賭《と》して愛に生きた、神話のヒロインは、
一見、かけ離れているように思えますが、

どちらの行為にも、〝利他の心〟という、
他者への思いやりが溢れていて、

両者の行為の根っこは同じなのではないかと、私は感じるのです。

さらに、走者を進めるためにアウトになった選手も、愛する夫のために命を捧げた弟橘媛も、〝自己犠牲〟とは思わず、むしろそれを喜びに、誇りに思っています。

それこそが〝利他の心〟たる所以《ゆえん》であり、神話が遺伝子レベルで刻み込まれていることの証《あかし》ではないでしょうか。

平成十年（一九九八年）九月にインドのニューデリーで開かれた、国際児童図書評議会世界大会におけるご講演で、美智子皇后はこう述べられました。

「尊《みこと》と任務を分かち合うような、どこか意思的なものが感じられ、弟橘媛の歌はあまりにも美しいものに思われました。

（略）

愛と犠牲という二つのものが、私の中で最も近いものとして、むしろ一つのものとして感じられた、不思議な経験であったと思います」

皇后陛下のお心には、こうした感性が脈々と息づいていらっしゃるのだなと感じ、私は胸がいっぱいになりました。

役割を分かち合い、誇りを持って自分の役割を全うしていく――。

ヤマトタケルと弟橘姫の神話から、私たちは、日本人として大切なエッセンスを受け取ることができますね。

ただ、この神話を子どもたちに伝えると、

「弟橘姫に感動した。でも、自分はそこまでできない」

と落ち込む子もいるんです。

できる、できないではなく、
弟橘姫の心や行いを美しいと思える、
そういう感性を持てていることが大事なんだよ。

そう、私は伝えています。


感性とは、真善美がわかるということ。

何を大切に生き、何に美しさを見出すのか。

神話から繋がる、この日本人の感性を、大切に伝えていきたいですね。

第三章

自分の稲穂を育てる

アマテラス大神の命《めい》によって、
神々の住まう高天原から現世のこの物質的な世界に降りてきて、
この地を知らす（＝治める）こととなった、ニニギノミコト。

いわば、何不自由ない、自由で豊かな都会暮らしをしていたのに、
突然、電気も水道もないような、未開の地に赴《おもむ》き、
そこを統治することを命じられたようなものです。

その時に、「さすがに手ぶらではなんだから……」と
持たせてくれたものが、〝三種の神器〟と〝斎庭《ゆにわ》（由庭《ゆにわ》）の稲穂〟でした。
斎庭の稲穂とは、高天原で育てられた神聖な稲穂のことです。

これから、まったく新しい場所で、

まさに困難に挑戦しなければならない、
その門出に手渡されたもの、

それが、鏡と剣と勾玉、そして稲穂だったのです。

そのなかで、〝食べられるもの〟
言い換えれば〝実用に耐《た》えられるもの〟は、稲穂だけ。

なぜ、日本人がお米をずっと大切にしてきたかというと、
それは、この天孫降臨の時に、
ニニギノミコトが稲穂を携《たずさ》えてきたからなのでしょうね。
日本という国をつくる、その最初にあったのは、稲穂だけ。

そこから、この国は始まったのですね。

逆にいうと、稲穂があればすべてが始まるというぐらいに、ある意味、稲穂は最も重要なものだったのですね。

現在も、皇室では、稲作にかかわる行事が最上位に大切にされ、継承されています。

可愛い孫を旅立たせる時に、普通なら、たくさんものを持たせたいと思うはずですが、アマテラス大神は、そうはしませんでした。

ここにも『古事記』からの重要なメッセージが含まれていると思うのです。

そのメッセージを、次に紐解いていきますね。

何か事を始める時には、手持ちのもので始めよ

何かを始めようとする時、

〝足りないもの〟に目を向ければきりがありません。

足りないものに目を向けるのではなく、今あるものに目を向けること。

手持ちのものを最大限に生かして始めること。

あなたの持っているもので挑戦すること。

そういうメッセージが、ここに込められていると思うのです。

実際、神話の中でも、高天原を離れ、国づくりを行うことに対して、
不安がるニニギノミコトに、アマテラス大神は、
「必要なものはすべて与えた」と言っています。

つまり、自分に足りないもの、
自分の外にあるものを得ようと求めるのではなく、
今あるもので勝負しなさい、ということです。

これは、裏を返すと、

あなたの目の前に起きたことは、
今の、あるがままのあなたで乗り越えられる、
ということにも通じます。

何かを始めようとするとき、あるいは
困難を乗り越えて、前に進もうとする時、

〝三種の神器〟と〝稲穂〟を発揮すれば、道は拓《ひら》けるのです。

繰り返しになりますが、〝三種の神器〟が表しているのは、
素直な心、困難に立ち向かう心、思いやりの心。

これらを磨きあげ、自分を高めていくことが、
人生を生きるうえで最も大切であると、
アマテラス大神は、可愛い孫に伝えたかったのではないでしょうか。

ないものを欲しがったり、他人の力でなんとかしようと思ったり、
持ってないものにばかり目を向けていると、

このメッセージを見逃してしまいます。

ありのままのあなたで大丈夫。

ありのままのあなたで挑戦できる。

他には、何もいらない。

ありのままのあなたが持っているもの、それが〝稲穂〟なのです。

では、〝稲穂〟は何を象徴しているのでしょうか。

あなたの個性、持ち味、特技、能力、才能。

三度の飯よりも好きなもの。

それが、あなたが天から授かった稲穂です。

今、この瞬間、この場所で、全身全霊を尽くし、
あなたの稲穂で勝負する――。

私たちのご先祖さまは、
長い時間をかけて、いくつもの時代を経て、
自分の稲穂で勝負する生き方を遺伝子に組み込み、
歴史に刻みながら、そういう民族性を培ってきたのですね。

歴史に刻まれた無数の先人・偉人たちの〝志〟溢れるエピソードは、
このような民族性の賜物《たまもの》だと感じます。

本当のあなたの長所と短所

「稲穂を育てる」という視点でみると、
人間の長所と短所の意味するものが、鮮明に浮かび上がってきます。

天から授かったあなたの持ち味、才能、能力……、

そういった、あなたの〝稲穂〟を

「自分自身のため」だけに使おうとすると、それは短所となって現れます。

あなたの稲穂を、縁あって出会った、いま目の前にいる人や
あなたにとって大切な人のために、

あるいは街全体のことや世の中のことを考えて、
さらに先人たちや、後の世に生まれてくる人たち……、
そういった自分自身の存在を超えた何かのために使おうとすると、
それは長所となって現れます。

長所として天分を働かせれば、稲穂が育ちます。

短所として天分を働かせれば、稲穂は枯れてしまいます。

育った稲穂は、豊かに実り、やがてまわりの人にも恵みをもたらし、
まわりの人をも豊かに、幸せにしていくのです。

あなたらしさを生かして、人を幸せにできる――、

そんな最高の生き方が、そこにあるのです。

長所を伸ばそうとか、短所を直そうとするよりも、
あなたが天から授かった、個性、持ち味、特技、能力、才能、心、身体……、
あなたが持てるものを、何のために使うのか、
誰を笑顔にしたいのか、そのことを意識することが最も重要なのですね。

自分さえよければいい、
今さえよければいい、
そういう発想を、江戸の人たちは〝野暮《やぼ》〟と呼びました。

自分だけでなく、みんなのことを考えられる、

今のことだけでなく、次の世代のことまで考えられる、
そういう発想を、野暮の反対に、〝粋《いき》〟といったのです。

粋な生き方を選ぶことを意識すると、
あなたの稲穂が育つ生き方を、自然と出来るようになっていきます。

稲穂に気づくには……

もしかしたら、「天から授けられた稲穂が何かわからない」
という方もいらっしゃるかもしれません。

稲穂は、生まれた時から手にしていて、

それが自分に備わっているのが当たり前になっているので、
自分では気づきにくいものです。

それでも、あなたが天から授かった稲穂は、必ずあります。

その稲穂は〝種《たね》〟の状態であり、

あなたが、まわりの人の喜びや幸せのために、
その天分を生かすべく、努力を積み重ねることで、
成長し、実っていく。

その成長の過程を経て、実っていくことを前提に、
あなたの稲穂の種に気づく方法について、少し触れてみたいと思います。

自分自身のことより、他の人の方がよく見える、特徴がわかりやすい、そんな経験は誰にでもあると思います。

一般的に、自分自身の稲穂の種よりも、むしろ他の人が手にしているものの方が、気づきやすいのかもしれません。

このことを活用すると、自分の稲穂を知る手がかりが得られます。

あなたが今までの人生を振り返って、
「なぜか人にこんなことをよく頼まれるんだよね」
と、思い当たることはありませんか？

また、「こういうことをしてあげたら、すごく喜んでもらえた」
という経験はありませんか？

あるいは、

「ん？　なぜ人はこんなことに、これほど時間がかかるんだろう？」

「なぜあの人にはこれが出来ないんだろう？」

と不思議に思った経験はありませんか？

人が苦労してやっと出来ることが、自分には容易《たやす》く出来てしまう……。

これは、あなたの稲穂である可能性が高そうですね。

また、人からの頼まれごとや、喜んでもらえたことのなかにも、

稲穂のヒントが隠されています。

たとえ本人が「私には、無理、無理」と思っても、

それをあなたに頼んだ人は、
あなたを外から見て、あなたの可能性や能力に気づいて、
あなたに頼んでいるのですから。

頼まれごとを「私にはできません」とか、
「いま忙しいので……」という理由で簡単に断るのは、
もったいないなと思います。

もちろん無理に無理を重ねる必要はありません。

それでも、自分のできる精一杯のところまで協力していく。
その精一杯の努力が、稲穂の成長の鍵になります。

このときポイントとなるのは、つらい顔で引き受けるのではなく、
大国主命が兄たちの荷物を背負った時のように、
笑顔で引き受けるということ。

誰かの喜びに自分が参加できることを、自分の喜びとする――、

そんな習慣がついたら最高ですね。

そうやって喜びながら引き受けて、精一杯協力していくと、
その経験の繰り返しが、あなたの稲穂を着実に成長させるのです。

そして成長した稲穂がやがて実り、
あなたの天分が、まわりを豊かに、幸せにします。

繰り返しになりますが、
ここであなたにお伝えしたいのは、

いくら稲穂を授かっていても、
自分のためだけにそれを使っていたら、
成長も実りもないということです。

世のため人のため、あるいは大好きな人や大切な人のため、
つまり自分を超えたもののためにに天分を働かせることで、
はじめて稲穂は成長し、実るのです。

ところで、神話には、
力の強い神様、歌が上手な神様、踊りが上手な神様、頭のいい神様など、
さまざまな神様が登場します。

そして、神様たちがそれぞれの個性を生かしながら、
力を合わせて〝まつりごと〟を行っています。

それはまるで、私たちが一人ひとりの稲穂を育て、
豊かに実らせて分かち合うことで、

まわりを豊かに、幸せにしながら、
天から授かった役割を果たしていくのに似ています。

私は、このまつりごとにおける役割分担も、
〝頼まれごと〟の一つだと思っています。

そういう意味では、

会社の仕事も役割分担であり、頼まれごと。

学校生活や部活動、ＰＴＡ、地域のお祭りなど、
役割分担＝頼まれごとは、日常生活を営んでいれば、無数に存在します。

自分は、日ごろどんなことを頼まれているか？
今まで、どうしたら人に喜んでもらえたか？

一度、自分自身と向き合い、問いかけてみてください。

ただ、ここで大切なことが二つあります。

一つは、「あなたは、人から頼まれる存在ですか？」ということです。

自分の利益になることはやるけれど、人のためには動きたくない。
いつも仏頂面《ぶっちょうづら》で、話しかけにくい。
何かを始めても、途中で投げ出してばかり……。

そういう人は、いくら才能に恵まれていても、
まわりの人があなたに何かを頼もうという気には、なかなかならないでしょう。

すると、自分の稲穂に気づけない状況が続くかもしれません。

まずは人から頼まれる存在になること。
それが、あなたの稲穂を育てるうえで、とても重要だと思います。

もう一つの大切なことを申し上げますね。

よく、「出来る、出来ないは関係ない。自分の好きなことをやりなさい」とか、「一番好きなことを仕事にしなさい」という言葉を耳にしますが、
人から頼まれたこと、人に喜んでもらえたことが稲穂のヒントになるわけですから、
自分の好きなことだけやっていても、稲穂は見つかりにくいということです。
嫌いなことを敢《あ》えて仕事にする必要はありませんが、好きかどうかだけで決めるのは、一歩間違えたら、「自分さえよければいい」という、野暮な生き方に繋がる可能性もあるのです。
〝好きなこと〟を、少しゆるく考えてみる。
ピンポイントで〝一番好き〟なものにこだわることを、やめる。

好きなことのど真ん中でなくても、好きなものの枠《わく》に入ればいい。

それを通じて、世の中やまわりの人の幸せに貢献することを考える。

そうすれば、自然に粋な生き方が出来るようになるはずです。

好き嫌いが、はっきりわからないときには、

「自分が、今できることに取り組む」という姿勢も、

忘れてはならない、素晴らしい取り組み方だと思います。

好きなこと。

自分に、今できること。

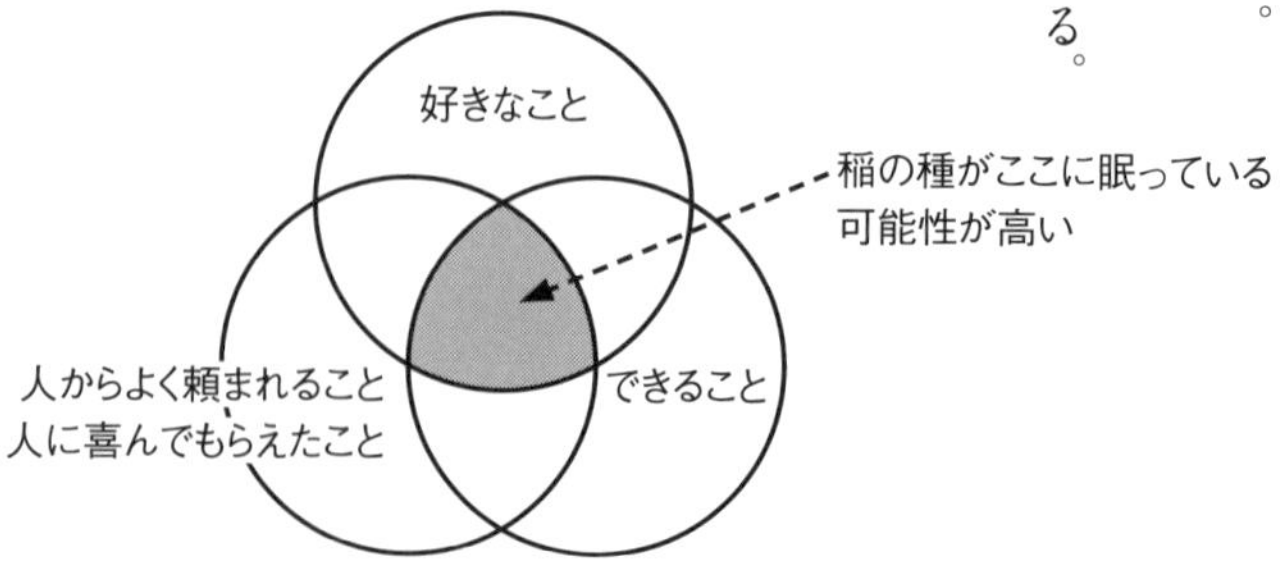

人によく頼まれたり、喜んでもらえたりすること。
これらに共通するものを、考えてみてください。
きっとそれが、あなたの稲穂に気づく手がかりになると思いますよ。

歴史の経糸《たていと》・横糸を意識する

「何か事を始めるときには、手持ちのもので始めよ」の項で、
今、この瞬間、この場所で、全身全霊を尽くし、あなたの稲穂で勝負する、
というお話をさせていただきました。
日本の神話や歴史から、先人たちの生きざまを紐解きながら、
日本人には、そういう生き方が向いているのではないかと、

私は、常々感じていますが、

「今、ここに生きる」というと、
根無し草のようなイメージを持ってしまう方が、
少なからず、いらっしゃるかもしれません。

そこで意識してほしいのは、歴史の経糸《たて》と横糸です。

歴史の経糸、

それは、今、自分がここにいるのは、
無数に存在していた先人たちや、
ご先祖さまのおかげであることを、実感することです。

自分の力だけで生きているのではなく、
大いなる恵みのなかで、多くの人たちの善意や厚意を受けて、
いかされていると実感する。

そして、その恩に報いること。

報恩と感謝、志と命のバトンを、
後世に繋いでいくと、意識することです。

始まりのない始まりから終わりのない物語へと続く、
悠久の時間の流れを意識しつつ、

未来への不安や、過去の後悔にとらわれず、
「今、ここ」、つまり生かされている

この一瞬一瞬を、全身全霊で生きる。

それが、経糸を意識するということです。

そして、横糸とは、一言で表せば〝ご縁〟です。

一度きりの、自分の人生に関わり、登場してくださる人々。

この〝ご縁〟こそが、あなたの稲穂を育てるための

〝今、ここ〟にある現実を創造してくれる、

天からの授かりものなのです。

歴史の経糸と横糸を意識するとは、

悠久の時のなかで「生かされている」自分の存在を忘れず、

目の前のご縁を、天からの授かりものとして感謝して、
自分の稲穂を育てるために、成長の糧《かて》とすること。

根無し草どころか、これ以上、地に足のついた生き方はない、
私はそんなふうに捉えています。

世界の神話の共通点は〝英雄〟の存在

全世界で大ヒットした映画『スター・ウォーズ』は、
黒澤明監督の『七人の侍』を参考にして、
非常に練《ね》られた作品だと言われていますが、
物語の基本構造は、神話を徹底的に研究して作られています。

『スター・ウォーズ』の生みの親は、ジョージ・ルーカス監督。
彼の師匠である、ジョセフ・キャンベル氏は、神話学者です。

なぜ神話が存在し、物語を通じて何を伝えているのか、
それがキャンベル氏の研究テーマであり、
彼は、古今東西の神話を徹底的に調べて、興味深いことを発見しています。

それは、「神話とは魂の成長物語である」ということです。

世界の神話の多くは、
普通の人間が困難を乗り越え、英雄になっていく、
英雄伝説という形をとっています。

前述した、スサノオによるヤマタノオロチの退治の話も、

高天原から追放された時、スサノオは、霊力を抜かれ、
神様としての力を発揮できない状況であり、
そこから魂の成長とともに、英雄になっていったのです。

キャンベル氏によると、世界中にある英雄伝説は、
何かを成し遂げた人の記録ではなく、

〝魂の成長を成し遂げた者〟の物語が書かれているのだそうです。

宝物を手に入れたとか、
高い地位を手に入れたといったものではなく、

その人が、「自分の天命を全うした」ということを描いたものなのです。

さらに彼は、魂の成長を成し遂げた者、すなわち英雄の定義を、
次のように述べています。

英雄とは、自分を守ってくれるはずの社会から抜け出して、
未知なる経験という暗い森に、炎の世界に入っていく者である。

慣れ親しんだ道から離れると、
それほど進まないうちに、想定外の困難な状況にぶつかります。

まずは、そういう試練に直面する勇気を持つこと。

未知なる経験というのは、誰も知らない世界ですから、
本人が独力で進む道を組み立てていくしかありません。

その試練に直面し、独力で進む道を組み立て、歩んだ経験を、
他の人にも伝えるために、
変化から目を反《そ》らしている世界に、
新しい可能性の数々を示す勇気を持つこと。

それが英雄の行動です。

つまり英雄とは、
何かを成し遂げた者ではなく、
新しい世界に立ち向かった者。

その英雄が紡いだ物語が英雄伝説であり、
世界中の神話の共通点が英雄伝説である以上、

「神話とは魂の成長物語である」というキャンベル氏の言葉は、説得力がありますね。

キャンベル氏の言わんとしていることを、もう少しわかりやすい言葉で説明しましょう。

暗い森に入るとは、安住の地から飛び出すことを意味します。

住み慣れた、安心で安全な領域を離れ、一歩を踏み出すことを選択する。そこで何を得られたのかは、問題ではありません。成功、不成功も関係ありません。

困難を克服したかどうか、成功したのかどうかの前に、「新しいものに立ち向かったかどうか」が、まず問われるのです。

経験したことのない森に分け入るので、何が起こるか事前にはわかりません。

たとえば、森に分け入ってみたら、

熊が出たり、虎が出たり、大きな穴があったりする。

そこで何が起こったとしても、

そのひとつひとつに、独力でなんとか対処しなければならないのです。

森の中に入ると、困難にぶつかる。

そのときに、二つ、やるべきことがあります。

一つ目は、「困難に自《みずか》ら飛び込んでいく」ということ。

先が分らなくても、あのスサノオのように、困っている夫婦を見て、勝算のあるなしに関わらず、オロチに立ち向かう勇気を持てるかどうか。

女性は、オロチに勝てるという保証がなくても、立ち上がってくれたスサノオの心意気にほだされて結婚した奇稲田姫《くしなだひめ》のように、ともに困難に飛び込もうという、覚悟を持てるかどうか。

二つ目は、そうやっていろいろな経験を積んでいったあと、「こんな経験を出来てよかったなぁ」で終わるのではなく、自分がもといた場所、本来いるべき場所に戻り、そこで暮らす人々に、

「こういうことが起きたんだよ。
でもそういうときはこうすると大丈夫だよ」

と、経験を伝えて、分かち合い、彼らに可能性を示すことが出来るかどうか。

この「困難に飛び込む」「その経験を分かち合う」という二つができること。

言い換えれば、経験したことのない世界に飛び込み、
そこで試練に直面することをいとわない勇気、
そこで経験したことを、他の人に分け与えるために戻ってくる勇気、

この二つの勇気を持ち合わせた者が英雄である――。

古今東西の神話を研究し、

キャンベル氏は、このように〝英雄〟を定義したのですね。

ただ自分が困難に直面して乗り越えただけの人は、英雄とは言わないのです。

何もなければ、そこで安住の生活を送れる、平凡な人生を送っている人が、

ある日、突然、その安住の地、
つまり自分を守ってくれるはずの安心・安全な世界、
言い方を変えると、ぬるま湯的な世界から旅に出て、

自分のこれまでの経験がまったく役に立たない、
何が起こるかわからない、
新たな世界に飛び込み、経験を重ね、
事を成して、もといた世界に戻ってくる。

そして、体得した経験を還元《かんげん》し、元いた場所をより豊かに、
平和にするために貢献する。

それこそが、英雄の行動なのです。

ここで注目したいのは、現代社会で言われているような、
いわゆる「何か特別なことを成し遂げる」とか、
「成功する」というような概念は、含まれていないということです。

未知の森に分け入って、そこで経験したことを、
元いた場所に戻って、みんなに伝えて貢献する。

そういう行動をとれれば、みんなが英雄になれます。

英雄になるのに、特殊な能力は必要ないのです。

そして、「未知の森に分け入る」とは、どういうことか、

一つ申し添えたいと思います。

たとえば、実際に知らない土地を訪れて、

今までと違う環境に身を置き、今まで経験したことのないことをする、

これは当然、「未知の森に分け入る」ことを意味しますが、

このようなケースだけでなく、

自己の内面の成長にも、当てはめることができます。

三種の神器が象徴する〝和の心〟で考えてみましょう。

〃素直な心〃〃思いやりの心〃〃困難に立ち向かう心〃のうち、

自分は、素直さを表現するのが苦手だなぁとか、
思いやりのある態度をとることが難しいなぁと感じている人が、

そういう内面と向き合い、
その心を磨くために、今までの自分の殻《から》を破り、
気づいたことを実践したりすることも、
「森に分け入る」挑戦であると言えるでしょう。

それがどのような内容であれ、
経験したことのないことに挑戦し、

そこで体験したことを分かち合うこと。

世界中の〝英雄〟伝説の本質は、その二点に集約されますが、その点については、『古事記』も例外ではないのです。

命《みこ》持《と》ち《も》

では、逆に世界の神話と、日本の神話の間には、どのような違いがあるのでしょうか。

神話というか、宗教観の違いになるのかもしれませんが、〝命《みこ》持《と》ち《も》〟という言葉をご存知でしょうか。

たとえば〝大国主命《おおくにぬしのみこと》〟のように
名前に〝命〟を持っていることを、命持ちと呼びます。

この〝命持ち〟とは、本来、私たちのことをいうそうです。
日本には、「人間はもともと神様である」という発想があるのです。

『古事記』に出てくる八百万の神々と、私たち人間は、
実は同じ神様なんだよ、という発想です。

違いをひとことで表せば、
世界の神話の多くは、〝神人隔離《しんじんかくり》〟、
つまり神と人間の間には、大きな隔たりがあるということ。

それに対して日本の神話は、〝神人同体《しんじんどうたい》〟、

つまり神と人間は一つのものなのです。

だからこそ、『古事記』の神々の経験は、私たちの経験たりうるので、
物語を通じて、私たちは追体験することができます。

私たちと同じような、人間味溢れる八百万の神々が、
先に森に分け入って経験されたことを、
命持ちである私たちにシェアしてくださっている。

そういう視点から『古事記』を読むことで、
神話が今に生きてきます。

他の文化圏の神話は、
逸話や教訓、戒《いまし》めとしては存在しますが、

神々が先に経験してくださったことが、
私たちの経験たりうる、という発想は稀《まれ》だと思います。

日本の神話においては、〝命持ち〟という考えが示すように
〝神人同体〟であり、

イザナギやイザナミ、
アマテラス大神、スサノオ、ツクヨミたちが経験したことを、
全部私たちの経験として生かすことが出来るのです。

『古事記』の内容を、読むだけなら、
ただの物語で終わってしまいますが、

「そうか、彼は、神様としての力がない時に、
困難に挑戦していったのか……」

などと、スサノオや、アマテラス大神の物語を、我がこととして捉えると、その経験は私たちの経験になり、そこから叡知が生まれるのです。

それが、『古事記』を読み解く際の重要なポイントの一つだと思います。

『古事記』とは「ふることのふみ」

『古事記』は、本来は「ふることのふみ」と読みます。

つまり〝古いことが書かれたもの〟という意味です。

現代の私たちから見て、〝ふること〟というだけでなく、『古事記』が書かれたおよそ一三〇〇年前においても、〝ふること〟を綴《つづ》っているという感覚を、当時の人々は持っていたんですね。

あらためて、『古事記』を振り返ってみます。

『古事記』の本質的な役割とは、何なのでしょうか。

世界中の英雄伝説は、森の中に分け入って、経験したことのないことに直面し、新しいことにチャレンジして、その経験や教訓をみんなで分かち合っていく、というものでした。

私たちは、ふることのふみに書かれた、古い物語を
これからも、ずっと、読み、聞き、感じ、追体験するだけでいいのでしょうか。
いつまでも、「スサノオさん、凄かったですね……」と、
感心しているだけでいいのでしょうか。

『古事記』が本当に私たちに発したいのは、次の問いではないかと思います。
「それじゃ、あなたはどんな森に分け入りますか」

『古事記』は、あくまで『ふることのふみ』であり、
民族の遺伝子に刻まれた記憶です。

それを読み終わり、記憶を掘り起こしたら、

あなた自身が、新しい世界に挑戦しましょう。

それが、神々の物語の追体験を経て、
あなた自身の物語を生きることになるのです。

これこそが、『古事記』の最大のメッセージなのだと思います。

第四章

天命追求型で生きる

「受けて立つ」生き方

三種の神器が象徴する三つの心、すなわち〝和の心〟を磨き、天から授かった稲穂を育て、実らせながら、まわりを幸せにする。

そういう生き方が、神話から続く日本人の生き方の本質なのではないか、と先にお伝えしました。

この生き方を全《まっと》うするためには、ある姿勢が求められます。

それは、「受けて立つ」という姿勢です。

「受けて立つ」という姿勢は、単に「受け入れる」のとは違い、絶対的な受動の中に、究極の能動が含まれています。

たとえば……

ある状況が目の前にあります。
たとえその状況が、自分の望まないものだったとしても、
その状況を、一〇〇%受け入れるところから、この生き方は始まります。

起こったことを、〝素直な心〟で受け入れる。

その出来事が一見、自分にとって望ましいものでなかったとしても、
そこに個人的な「いい、悪い」という考えを持ち込まない。

「いい」「悪い」というものの見方は、人の数だけ存在します。

しかも、一つの出来事をどの角度から見るかで、
「いい」「悪い」の価値判断は変わってきます。

そして一旦「悪い」と感じたら、
人はそれを素直に受け入れることはできないでしょう。

頭で考えて、自分の都合で、いい、悪いと決めつけていると、
目の前の出来事を、成長の機会と捉えることはできなくなります。

あなたの目の前に起こったことを
それが、たとえ逆境のように感じられることであったとしても、
この出来事は、自分の稲穂を大きく実らせるために、

そしてまわりの大切な人たちや世の中を、
さらに、後の世に生きる人たちを幸せにするために、
やってきてくれたのだと、〝素直な心〟で受けとめる。

そういう姿勢が重要です。

そして、一見、この状況を乗り越えることが困難に思えても、
その〝困難な状況に立ち向かう心〟を持ち続けるのです。

困難に思える、その状況も、
あなたの稲穂を実らせるための、天からの授かりもの。

ニニギノミコトが三種の神器と稲穂を携えて、この地に降り立ったように、

あなたも、〝ありのままの自分〟で臨み、
〝手持ちのもの〟で勝負すれば、大丈夫。

そうやって、起こった出来事に素直に向き合い、
自分という存在を超えた、まわりの幸せのために生きていると、

あなたが生まれた時に授けられた
持ち味、才能、天分が、どんどん育っていきます。

その天分が育てば育つほど、あなたの稲穂は実るのです。

そして豊かに実った稲穂は、
あなたのまわりの人に、豊かさと幸せをもたらすのです。

あなたが実らせたものを〝思いやりの心〟で
まわりの人と分かち合うこと。

それは、まさに先ほどお伝えした、ジョセフ・キャンベル氏の言う、
英雄が、経験したことを分かち合うことと同じですね。

あなたが、あなたの稲穂を豊かに実らせて、
それをまわりの人々と分かち合う時、
この世界は、高天原のような、素敵な場所になるのです。

天孫降臨とは、もしかしたら
私たちが、この世に生を享《う》けて

生まれてきたことの象徴なのかもしれませんね。

だとすれば、八百万の神とは、
個性溢れる、私たち、一人ひとりのことを象徴しているのでしょう。

まさに〝神人同体〟ですね。

私たち一人ひとりが、この世に生を享けた時に、
天から授けられた性格、能力、持ち味、才能、天分が稲穂であり、
成長して稲穂を実らせていくのに、

素直な心
困難に立ち向かう心
思いやりの心

という三種の神器を心に宿し、〝和の心〟を磨いて生きる。

そういう生き方をしていると、
あなたは、本来いるべきところへ、
つまり、あなたに最もふさわしい場所へ、運ばれていきます。

あなたが、あらかじめ頭で考えた目標に、辿《たど》り着くのではなく、
あなたの想像を超えた、天から授かった役割へと誘《いざな》われていくのです。

そんな天命によって運ばれていくという生き方を、
〝天命追求型〟の生き方と呼ぶことにしましょう。

過去に学び、出会った言葉の中で、
そのように呼ぶのが、最もふさわしいと感じたからです。

天命追求型と対照的な生き方を、〝目標達成型〟と呼びたいと思います。

天命追求型と目標達成型。

どちらが良いとか悪いとか、どちらが優れているとか、
そういうことを申しあげたいのではありません。

ただ、特徴を眺めて、お伝えすると、

あらかじめ頭のなかで目標を定め、
その実現に向けて邁進《まいしん》していく生き方、
それが〝目標達成型〟であり、
西洋では、このような生き方を重要視する傾向があります。

全知全能のゴッドが世界をつくった、という神話を信じてきた人々は、
自分の人生を自分でデザインし、夢を叶えていく生き方を
最高のものとするのは、自然な流れなのでしょう。

一方、日本の神話では、天地ができてから、神様が現れるのです。
神様でさえも、与えられた環境を受け入れている。

そして、そこからすべての物語は始まる――。

きっと私たちは、神話の時代から、天命に運ばれる
〝天命追求型〟の生き方を磨いてきた民族なのですね。

その天命追求型の生き方を可能にするのが、「受けて立つ」という姿勢です。

「受けて立つ」という姿勢を貫くのは、
夢や目標の実現を目指す生き方よりも、険しいはずです。

なぜなら、夢や目標は、
好きな分野や得意な分野から、見つければいいのですが、

「受けて立つ」とは、
たとえそれが自分の苦手な分野であったとしても、何が起こっても、
受けて立てる自分であるように、
日々、自己を研鑽《けんさん》していかなくてはならないのですから。

今日、何が起こるかわからない。
明日、何が起こるのか、もちろんわからない。

その一瞬一瞬を、一〇〇%素直に受け入れて、
今できる、最高のことをやり続ける。

そのなかで自分の天分を磨き、稲穂を育て、
成長した稲穂が実れば、その恵みを分かち合う。

それが、日本人の生き方の本質だと思います。

そのスタートは、
自分に与えられた現実を、一〇〇%素直に受け入れること。

つまり、与えられた環境を丸ごと引き受ける覚悟を持つことです。

それには、天に対する絶対的な信頼が必要です。

天命に運ばれていく勇気も必要です。

天に対する信頼と、天命に運ばれていく勇気、
それは、「自分の運命を愛する」ことと、表裏一体をなしています。

自分に与えられた環境を、単に受け入れるだけでなく、
それが、自分の稲穂を育てるのに、最高の環境なのだと信じること、
それが「自分の運命を愛する」ことに繋がります。

スサノオは、なぜ高天原を追い出され、出雲国を旅したのでしょう。
スサノオには、並みはずれた武勇という稲穂が備わっていたのに、
高天原では、その使い道がわからず、神々を恐怖におとしいれました。

高天原を追放された時、スサノオは不本意だったと思います。

でも、出雲国で泣いている夫婦と出会い、自分の武勇の使い道を与えられたのです。

人を笑顔にするために自分の稲穂を使う、という道を——。

スサノオにとって不本意だった高天原追放が、
実は、スサノオの稲穂を育てるのに、最高の環境に繋がっていた、
そこに私は感動を覚えます。

天に対する信頼、天命に運ばれていく勇気、運命への愛——。

それらが、森の中に分け入っていく時に、私たちの行く手を照らしてくれます。

そのかすかな光に導かれ、私たちが森の中に分け入ることができれば、
それこそが、『古事記』に託された、先人たちの思いに応えることになる。

『ふることのふみ』から『あらことのふみ（新事記）』へ──。

世界の英雄伝説とは一味違う、
終わりのない物語『古事記』を持つことの醍醐味を、
私たちはもっともっと味わい、自分たちの人生に生かしていきたいですね。

「一歩引く」という叡知

天命に運ばれていくために、もう一つお伝えしておきたいことがあります。

それは、中空均衡構造のところでお話しした、「一歩引く」という姿勢に宿っている叡知についてです。

日本の歴史を紐解くと、多くの偉人が、己を磨き、人のために尽くすことで、頭角を現すのですが、自分からリーダーになろうとする例はあまり見かけません。

多くの人々は、まわりから認められて、引き立てられ、初めてリーダーになっていくのです。

期が熟すまでは、ひたすら己を磨く。

そうすると、あなたの稲穂が育ち始める。

その稲穂が育ったあなたに、ふさわしい役割が、
自然と向こうからやってくるようになります。

天命に運ばれる生き方――、

その「運ばれる」ということを、もう少し詳しく見てみると、
それは一〇〇%、まわりの人から、きっかけがもたらされます。

つまり「運ばれる」とは、「運んでくれる誰かがいる」、
あるいは「風を起こしてくれる誰かがいる」ということです。

自分から狙いすまして、取りにいくよりも、
人に引き立てられ、応援され、その風にのって運ばれていく

そんな生き方が、日本人には合っているように思います。

己を磨きあげていくうちに、自然と誰かから声がかかるようになる。

そこまで、まずは、今、いる場所で、
今、やるべきことに、素直に向き合い、全身全霊を尽くす。

そんなあなたを、お天道《てんとう》さまは、必ず見ています。

そして、ご縁をいただいた人たちを通して、
あなたにふさわしい役割がやってくるのです。

それを全力で引き受ける。

それを繰り返しているあなたは、すでに「運ばれ」始めているのです。

現代人は、すぐに結果を出したがり、
己を磨き、高める期間を待てない人が多いように感じます。

期が熟すまで待つことの大切さを、見落とす傾向も強いのではないでしょうか。

待つといっても、何もしなくていいわけではなく、
今、与えられた現実を受け入れ、感謝して、
今、できる精一杯のことをする。

そうやって一歩引いて、ひたすら人に喜ばれるように
人に尽くす姿勢を持ち合わせた人にしか、
〝運ばれる生き方〟は、訪れないのです。

中空均衡構造のところで、お伝えした、
西洋型のピラミッドと、日本型の逆ピラミッド。
日本型のリーダーは、一歩引いていますよね。
これこそ、天命追求型の「運ばれていく」生き方の図なのです。

「天命に運ばれる」生き方は、
天から授かったご縁が、大きな原動力となります。
そのご縁は、きっと天がベストなタイミングで、
ベストなカタチで与えてくれます。

だから、その時が来るまで、自分の運命を信じて、
〝和の心〟を磨きつつ、稲穂を育てていきましょう。

ここで、役割やチャンスが与えられた時に、
心にとどめておきたいことをお伝えしますね。

人間、がんばっていれば、必ず天がご褒美＝チャンスをくださる。

多くの人は、ご褒美が実力をはるかに超えていると感じ、
「私には、とても、とても……」と断ってしまう。

すると、あなたの人生は、それ以上にエキサイティングなものにはなりません。
第一、チャンスを与えてくれた人に対して、あまりにも失礼ですよね。

あるいは、「私の努力が報われたのね！」と喜んで、ご褒美を当然のこととして受け取る人もいるでしょう。

でも、それを「自分の実力が買われた」と勘違いしたら、人生はまたふりだしに戻ります。

では、どんな心構えで、このご褒美を受け取ったらいいのでしょうか。

まずは、自分の実力をはるかに超えたご褒美であることを自覚し、そんな有り難いご褒美をいただけることに、ひたすら感謝しましょう。

そして、ご褒美をくださった方に対して、全力でその恩に報い、世の中や、他の人たちに向けて、恩を送っていくと心に決めることです。

ここで重要なのが、それが試練でなく、たとえご褒美であったとしても、目の前の現実を、一〇〇%素直に受け取ることです。

そして、自分の想像を超えて「どこまでも運ばれる」という覚悟を決めることです。

もしも、これまでの努力が報われて、

あなたの稲穂が成長し、あなたの実らせた稲穂を認めてくれる方が現れて、あなたの魂の成長に繋がるような、素敵なご褒美を受け取ることができたら、

自分の実力が、そのご褒美に追いつくように、さらなる研鑽を続けること。

この繰り返しが、夢を超えた素敵な現実へ、あなたを誘《いざな》ってくれるでしょう。

〝ひのもとの国〟日本に生まれて

わたしたちの国、〝日本〟という国名は、〝ひのもとの国〟に由来します。

〝太陽が命の源である国〟という意味です。

わたしたちは、みんな顔が違う、性格も違う、考え方も違う、
でも、太陽のおかげで生かされているというのは、一緒。

だから、みんな仲間だよね。

そうやって、個々の違いを超えて、共通分母を見つけ、
和を貴んできた民族なのです。

私たちのご先祖さまが、古来、最も大切にしてきたのは、
おそらく〝恩〟という概念だったでしょう。

原因の〝因《いん》〟に〝心《こころ》〟と書いて、〝恩《おん》〟

〝心《こころ》〟は心臓の〝心《しん》〟ですから、命を意味します。

〝命の源に対する深い思い〟を、〝恩〟というのです。

日本人は、命の源として、特に
〝太陽〟と
〝大自然〟と
〝父母（両親、広い意味でご先祖さまや先人たち）〟に、
深く感謝してきました。

これら三つの恩＝三つの恵《めぐみ》に感謝することを、
〝三恩三恵《さんおんさんけい》〟といいます。

三恩三恵を胸に刻む、私たちのご先祖さまは、
物事が思い通りにいっている時に、
それを、自分が努力した結果だなんて、
不遜《ふそん》なことは思いませんでした。

太陽や大自然やご先祖さまのおかげで、生かされている。

そして、自分を取り巻く多くの人々の
善意や厚意を受けて生かされている。

だからこそ、物事がうまくいっているのだと、感謝してきたのです。

そして、たとえ物事が思うようにいかないときも、

その逆境は、
自分の稲穂を豊かに実らせるための天からの授かりもの、
そう受け止めて、成長の糧《かて》にしてきたのです。

大丈夫、長い目で見たら、どんな環境も、あなたの稲穂を育てる
最高の環境にできるはず――。

せっかく〝ひのもとの国〟日本に生まれてきたのです。

私たちも、ご先祖さまのように
物事が一見、うまくいっていても、
そうでなくても、どんな時でも、

いつも心に太陽を輝かせながら、
明るく、まあるく、元気に仲よく生きていきたいですね。

三種の神器と稲穂を胸に

天皇陛下は日本国民の象徴であり、
天皇である証が、三種の神器を持っていることだと、
先にお伝えしました。

さらに皇室では、稲作に関する行事を、最重要事項として
現代でも行い続けていらっしゃいます。

三種の神器と稲穂――、

それは、ニニギノミコトの天孫降臨に由来します。

神話から歴史が途切れることなく、一本の糸で繋がっている、
そんな世界でも稀有な国に、私たちは生まれ育ちました。

〝命持《みこと》ち〟、つまり神人同体である、私たち日本人は、

一人ひとりが、天から授かった〝稲穂〟を持って生まれ、
心の中に〝和の心〟という三種の神器を宿しているのです。

瑞穂《みずほ》の国、日本。

この国が本当の豊かさを実現するのは、
私たち一人ひとりが、〝和の心〟を磨き上げ、
天から授かった稲穂を豊かに実らせた時に他なりません。

寄り合わせた〝和の心〟は、大きな和の心となります。

それが、〝大和心《やまとごころ》〟なんですよね。

大和心は、決して一人で持てるものではないと思うのです。

それは、私たち一人ひとりが、心に宿した〝和の心〟を磨き、
寄り合わせた時に生まれるもの。

実った稲穂を寄り合わせれば、瑞々しい瑞穂の国となります。

大和心の溢れる瑞穂の国。

一人は全体を幸せにするために、天から授かった稲穂の成長を志し、全体は一人ひとりの個性を認め、敬い、和をもって貴しとなす。

日本人の理想の世界観が、そこにあるのではないでしょうか。

『ふることのふみ』を読み解き、先人たちの経験を今に生かし、私たちがなすべき挑戦とは、そういう世の中を、子どもたちに、そして未来の世界に残していくことではないでしょうか。

そこに、一国として世界最古の歴史を持ち、

神話から現在に繋がる稀有な歴史観を継承してきた、
私たち日本人の大切な使命が宿っているのではないかと思います。

「温《おん》」と「凛《りん》」の祈り

最後に、アマテラス大神が、
高天原から孫のニニギノミコトを送り出す時に
告げた言葉をご紹介して、本書を締めくくりたいと思います。
旅立つ愛《いと》しい孫に、アマテラス大神が与えた言葉は、次の二つでした。

「知《し》らせ」
「幸《さ》きくませ」

「知らせ」については、すでに述べました。

民の心を知り、慈愛の心で、つまり愛の力で民を治めることを、
「知らす」という、と。

力で相手をねじふせるのではなく、
自らの人間力を磨き、高め、
人々の心、天の心を知り、徳をもって世の中を治める、

そういう心構えを持ちなさい、と
アマテラス大神は、ニニギノミコトに命じたのです。

そこには、自分を律する厳しさが求められるでしょう。

そして、「幸きくませ」とは、
「あなた自身が、幸せでありなさい」ということです。

そこには、愛しい孫の行く末を祈る、大きな愛を感じます。

自分自身を厳しく律するだけでなく、
いつも幸せを感じながら生きてほしい――。

そんな溢れる愛を、
アマテラス大神はお伝えになったのですね。
温かさの中に、凛とした厳しさがある。

それが、アマテラス大神の〝祈り〟の本質だと思います。

この二つの尊い祈りから、
ひのもとの国・日本は生まれました。

そして、この〝温《おん》〟と〝凛《りん》〟の祈りは、
建国以来、今日に至るまで、
歴代の天皇によって受け継がれてきました。

今日も皇室は、世界の安寧《あんねい》と、〝ひのもとの国〟の弥栄《いやさか》、
そして私たち国民の幸せを、祈ってくださっています。

歴史を紐解けば、ひのもとの国の民は、
このリーダーの愛に一方的に甘えるのではなく、

まるで子が親に対して孝養を尽くすように、
誠の心を尽くしてきました。

現代に生きる私たちも、
この崇高な祈りに応えていきたいですよね。

そのためには、私たち一人ひとりが、

知らす国、そして、幸《さき》わう国である日本の民として、
あるべき姿を自らの意思で磨き続けること。

そういう姿勢を持ち、日常を、心を込めて、丁寧に生きることが、
この尊い祈りに応える、最高のあり方だと思うのです。

あとがき

初代神武天皇の即位をもって日本建国とされ、以来、第一二五代今上陛下に至るまで、二千六百年以上の長きにわたって、日本という国は存在し続けてきました。

その永続性、さらには、神話から歴史が一本の糸で繋がっているという、稀有な歴史観は驚きに値しますが、日本の歴史には、もう一つの奇跡があります。

それは、二千六百年以上もの長きにわたって、海外からの侵略を受けずに来たということ。

もちろんピンチは何度もありました。

でも、ピンチに襲われるたび、
日本人はチーム一丸となって、
自分の置かれた場で、それぞれが最善を尽くすことで、
そのピンチを乗り越えてきたのです。

日本史上、最初の国難とも言うべきものは、
今から約一三六〇年前に訪れました。

実は、この建国以来はじめての国難と
『古事記』の編纂が深く関わっているので、

その歴史物語を、最後にご紹介しようと思います。

当時、朝鮮半島にあった百済《くだら》という国が、
同じ朝鮮半島の新羅《しらぎ》に滅ぼされ、日本に助けを求めてきました。

日本と百済は深い友好関係にありましたから、
ときの斉明《さいめい》天皇（「大化の改新」で知られる中大兄皇子《なかのおおえのおうじ》・後の天智《てんじ》天皇の母宮《ははみや》）は
百済の人々を気の毒に思われ、百済の再興を願い、
朝鮮半島に出兵することを決意します。

斉明天皇は、前線基地が置かれた朝倉《あさくら》（現在の福岡県朝倉市）に向かわれますが、
六八歳と、当時としては高齢だったうえに、
心労や長旅の疲れが重なったのでしょう、
朝倉に着いて、たった二ヶ月で亡くなりました。

その上、海を渡った日本軍も不運に見舞われ、
日本・百済連合軍は、唐・新羅連合軍に大敗を喫します。
天智《てんじ》二年（六六三年）のことでした。

この戦いを『白村江（「はくすきのえ」、または「はくそんこう」）の戦い』といいます。

斉明天皇は崩御《ほうぎょ》され、戦いにも敗れた日本は、大ピンチ。
もし唐の大軍が日本に侵攻すれば、国家存亡の危機となります。

それに備えるため、九州北部に大野城《おおのじょう》という城が築かれ、
水城《みずき》と呼ばれる堤防が造られました。

現在も福岡県内には、ゆかりの地名が残っています。

さらに国境を守る兵士が、全国から続々と九州へ送られてきました。
彼らを〝防人《さきもり》〟と呼びます。

防人の詠んだ歌が、
日本最古の和歌集『万葉集』に数多く収録されていますが、
この時期に、『古事記』や『日本書紀』といった歴史書や、和歌集が編纂《へんさん》されたのは、
絶体絶命のピンチに立たされた日本人が、
神話から始まるこれまでの歴史をまとめあげ、
和歌に込められた日本の心を明らかにし、後世に伝えることで、
心を一つにして、自国を守り抜こうとしたからでしょう。

『古事記』は、国内向けに、
『日本書紀』は、海外向けに編纂されました。

なぜ海外向けの『日本書紀』が必要だったのか。

それは、当時、ちゃんとした歴史書があるかどうかが、
国としての正当性の証明になり、

統治する人がいて国民がいる〝国〟が形づくられているという認識が、
他国の侵略を防ぐ抑止力にもなったからです。

つまり、現実として、日本の国土を守るため、
『日本書紀』の編纂を試みたのでしょう。

それに対し、『古事記』は、
国民に対して〝大和心〟とは何かを伝えるために
編纂されたのではないかと思われます。

〝大和心〟、あるいは〝大和魂〟とも呼ぶべきものを、
さまざまな物語を通じて伝えることで、
日本人とは何かを国民に示し、大和魂《やまとだましい》を喚起《かんき》する。

そうして目には見えない〝日本の心〟を守り、
未曾有《みぞう》の国難に立ち向かう。

そのために、『古事記』は編纂されたという見方もできると思います。

国難に立ち向かった先人の中に、大伴部博麻《おおともべのはかま》がいました。

白村江の戦いで捕虜となった彼は、
唐の都・長安に送られ、驚愕《きょうがく》の噂を耳にします。

唐が日本侵攻の準備をしている、と。

「このことを何としても本国に伝えなければいけない」という使命感に駆《か》られた博麻は、

遣唐使として唐を訪れるも、両国が交戦状態となったために長安に足止めされていた、四人の日本人に会いに行きました。

そして誰もが耳を疑うような提案をしたのです。

「私の身を奴隷《どれい》として売って下さい」

彼は自分の身と引き換えに、仲間の帰国資金を作ろうとしたのです。

それは、四人の遣唐使にとっても、身を切られるほど辛い選択だったでしょう。

でも、博麻の思いに応《こた》えるには、
そして国難を救うには、それしか方法がないと思い定め、
彼らは博麻を残して帰国します。

幸い、唐は日本を侵攻せずに、国家存亡の危機は回避されました。

唐が日本を攻めなかったのは、さまざまな国内事情に加え、
日本の備えが堅かったからです。

博麻や防人たちの国を愛する心が、国難を救ったのです。

大伴部博麻は、それから約三十年後に帰国を果たしました。

この時、日本はすでに天智天皇も、その弟宮の天武《てんむ》天皇も亡くなり、

天武天皇の后《きさき》・持統《じとう》天皇の御世《みよ》になっていました。

持統天皇は、天智天皇の娘であり、斉明天皇の孫にあたります。

博麻の帰国を喜ばれた持統天皇は、

数々の褒美を授けるとともに、彼の愛国心を称えました。

これは、歴史上、天皇が一般の個人に与えた

最初で最後の勅語《ちょくご》と言われています。

彼が異国の地で過ごした三十年という年月の重み、

筆舌に尽くしがたいその苦労を思う時、

私は涙が止まらなくなります。

こういう先人たちの思いがあったからこそ、
奇跡のような歴史が連綿と紡がれ、

今、私たちはこんなにも豊かな暮らしをしていられる、
そのことを肝に銘じたいと思うのです。

あの国家存亡の危機を前に、
先人たちがまとめあげた神話と歴史、
そして和歌に込められた日本の心は、

数え切れない人々の手を介して、
今こうして、私たちにまで受け継がれてきました。
それは、まさに、私たちが命とともに継承していくべきものと
言えるのではないでしょうか。

英国の歴史学者・アーノルド＝トインビーは、
世界史の中で滅亡した民族について研究し、
その共通点を見つけ、次のように警鐘《けいしょう》を鳴らしています。
「世界史の中で滅んだ民族は、すべて内部崩壊によって滅んでいる」と。
そして内部崩壊にいたる三つの過程を明らかにしています。

① 理想を失った民族は滅びる

② すべての価値を物やお金に置き換えて、
心の価値を見失った民族は滅びる

③ 自国の歴史を忘れた民族は滅びる

トィンビーによれば、
この三項目のどれか一つでも当てはまれば、
その民族は滅亡するそうです。

恐ろしいことに、戦後の日本は、
誰もが経済的な繁栄にばかり目を奪われ、
人としていかに生きるべきかという理想、
目には見えない、心の価値や絆、
そして、民族としての誇りを育む歴史認識、
それらすべてを置き去りにしてきました。
まさに三重苦の状態だったのではないでしょうか。

約一三六〇年前の白村江での敗戦とは違う、
でももしかしたら、もっと深刻な危機に、
いま私たちは見舞われているのかもしれません。

今まさに『古事記』に込められた先人たちのメッセージを
紐解く意味が、そこに存在しています。

国難を乗り越えるための切り札として、
先人たちがまとめあげた、神話と歴史。

こんな素晴らしい宝を残し、
継承してきた先人たちへの感謝と、

それを受け継ぐ未来の日本人への祈りを込めて、
本書を執筆させていただきました。

本書の刊行に関わったすべての方、
本書を手にしてくださったすべての方に、
心から感謝いたします。

平成三十年十二月

白駒　妃登美

主な参考文献

◆古事記（岩波文庫／岩波書店）倉野 憲司

◆現代語古事記：決定版（学研パブリッシング）竹田 恒泰

◆古事記完全講（学研プラス）竹田 恒泰

◆本居宣長〈上〉〈下〉（新潮文庫／新潮社）小林 秀雄

◆わかりやすい神道の歴史（神社新報社）神社本庁研修所

◆日本二千六百年史（毎日ワンズ）大川 周明

◆神話と日本人の心（岩波書店）河合 隼雄

◆日本のこころの教育（致知出版社）境野 勝悟

◆語り継ぎたい 美しい日本人の物語（致知出版社）占部 賢志

◆感動の日本史（致知出版社）服部 剛

◆中江藤樹入門　安曇川町教育委員会

◆中江藤樹の生き方（明徳出版社）中江 彰

◆北畠親房—大日本は神国なり（ミネルヴァ日本評伝選／ミネルヴァ書房）岡野 友彦

◆現代語訳 神皇正統記（新人物文庫／KADOKAWA）今谷 明

◆神話の力（ハヤカワ・ノンフィクション文庫）ジョセフ・キャンベル、ビル・D・モイヤーズ、ベティー・スー・フラワーズ（翻訳）飛田 茂雄

◆千の顔をもつ英雄　上・下（ハヤカワ・ノンフィクション文庫）ジョセフ・キャンベル（翻訳）倉田真木　斎藤静代　関根光宏

〈 著者プロフィール 〉

白駒 妃登美

しらこま　ひとみ

1964年、埼玉県に生まれる。福沢諭吉に憧れ、慶應義塾大学経済学部に進学。卒業後、日本航空に勤務し、1992年には宮澤喜一首相訪欧特別便に乗務。その後、企業の接遇研修講師、結婚コンサルタントとして活動中に、大病を患う。命と向き合い、歴史上の偉人の生き方を丁寧に紐解くなかで、かつての日本人が「今を受け入れ、この瞬間に最善を尽くし、天命に運ばれていく」天命追求型の生き方を貫いていたことに気づく。自身も天命追求型の生き方にシフトしたことで、病状が奇跡的に快復。

2012年、株式会社ことほぎを設立し、日本の歴史は「志」のリレーであり、報恩感謝の歴史であることを伝える講演活動を本格的に開始する。講演では「こんな歴史の先生に出会いたかった」「日本人に生まれてよかった」と涙する参加者が続出。全国各地での講演・研修依頼やメディアの取材・出演依頼は、年間200回におよぶ。公益財団法人モラロジー研究所・特任教授、NPO法人ヒトの教育の会・常任代議員、天皇陛下御即位三十年奉祝委員会・奉祝委員を歴任。子育てと仕事に奮闘する、2児の母でもある。

著書に「人生に悩んだら日本史に聞こう」(祥伝社)、「子どもの心に光を灯す日本の偉人の物語」(致知出版社)、「幸せの神様に愛される生き方」(育鵬社)、「なでしこ歴史物語」(モラロジー研究所)、「誰も知らない偉人伝」(KADOKAWA) など。

〈 監修者プロフィール 〉

富田《とみた》 欣和《よしかず》

1972年、千葉県生まれ。大人になるまで日本の歴史には全く関心が無かったが、ある日、幼い頃より福岡の祖父母から古事記について聞かされていたことを思い出す。その後、多くの先達や書籍から古事記を学び、日常の生活へ活かすための知恵を深めていく。

2012年、日本の歴史や文化の素晴らしさを国内外に発信するために、白駒妃登美と共に株式会社ことほぎを設立、同社取締役に就任する。日本神話の美しさに心を惹かれ、神話を現代の営みに活かすべく、日々学び、活かしている。

また慶應義塾大学大学院システムデザイン・マネジメント研究科特任講師、関西学院大学専門職大学院経営戦略研究科准教授として、社会システムデザインを教える教育者でもある。

日本政策投資銀行アドバイザー、宇宙航空研究開発機構(JAXA)プロジェクト外部委員、日本ラグビーフットボール協会代表強化部コンサルタント等も歴任。子育てを妻に任せっきりで頭が上がらない4児の父。

著書に「人生の目覚まし時計」(PHP出版)、システム×デザイン思考で世界を変える慶應SDM「イノベーションのつくり方」(日経B)がある。

【古事記が教えてくれる　天命追求型の生き方】

初刷　――　二〇一九年一月二〇日
著者　――　白駒妃登美
発行者　――　斉藤隆幸
発行所　――　エイチエス株式会社　HS Co., LTD.
064-0822
札幌市中央区北2条西20丁目1-12佐々木ビル
phone：011.792.7130　fax：011.613.3700
e-mail：info@hs-prj.jp　URL：www.hs-prj.jp
印刷・製本　――　モリモト印刷株式会社

ISBN978-4-903707-88-4